AF619436

Aux Maîtres d'Écoles primaires et aux Directeurs d'Orphéon

LUTRIN ET ORPHÉON

OU

LE PLAIN-CHANT ET LA MUSIQUE

APPRIS EN CHANTANT DES CHŒURS.

GRAMMAIRE PRATIQUE

A L'USAGE SPÉCIAL DES ORPHÉONISTES DE LA CAMPAGNE

PAR

A. ELWART

Professeur d'Harmonie au Conservatoire impérial de Musique ;
Membre du Comité général de Patronage des Orphéons et Sociétés chorales,
et l'un des Présidents du Jury des Concours orphéoniques.

PRIX NET : 4 FR.

PARIS

ANCIENNE MAISON MEISSONNIER
(COMPAGNIE MUSICALE)
E. GÉRARD ET CIE, RUE DE LA CHAUSSÉE D'ANTIN Nº 1,
AU COIN DU BOULEVARD DES CAPUCINES.

Propriété pour tous pays.

[Vm. 8 292

HOMMAGE RESPECTUEUX

A

M. LARABIT,

Sénateur, Grand Officier de l'ordre impérial de la Légion d'Honneur,

Ancien Président du Comité général de Patronage des Orphéons et Sociétés chorales de France.

TABLE DES MATIÈRES.

PREFACE.

PREMIÈRE PARTIE.

CHAPITRE PREMIER.

CHAPITRE SECOND.

CHAPITRE TROISIÈME.

CHAPITRE QUATRIÈME.

SECONDE PARTIE.

PRATIQUE CHORALE.

TROISIÈME PARTIE.

CHAPITRE UNIQUE.

RÉCRÉATIONS VOCALES A DEUX, TROIS ET QUATRE VOIX.

APPENDICE AUX ÉLÉMENTS DU PLAIN-CHANT.

DÉTAILS SUR LA FORMATION D'UNE CLASSE D'ORPHÉONISTES, ET PAR SUITE D'UNE SOCIÉTÉ CHORALE.

PRÉFACE.

C'est pour servir de *guide pratique* aux maîtres d'Écoles primaires et aux directeurs d'orphéons, que nous avons rédigé cette Méthode en partie double, *Plain-Chant* et *Musique*, à l'usage spécial des orphéonistes de la campagne. En l'étudiant, les élèves apprendront d'abord à connaître le Plain-Chant; mais, comme le but de tout orphéoniste, rural ou citadin, est d'ariver à chanter sa partie dans les chœurs, et que pour parvenir à chanter avec promptitude et connaissance de cause, il faut savoir *lire la musique,* nous avons conçu et exécuté un plan nouveau de démonstrations parallèles, qui, appropriées aux intelligences les plus paresseuses ou les plus ennemies de toute étude aride, mettront les élèves à même, dès les premières leçons de solfége, de chanter en chœur, non pas de froides et insipides notes, mais des paroles plus ou moins poétiques suivant le caractère des exercices vocaux sous lesquels elles sont appliquées. Ce système, qui met en vers, pour les faire chanter dès le début, les premières règles de la théorie musicale, les gravera plus facilement dans la mémoire des élèves. Lorsque nous donnerons des leçons de solfége proprement dit, la poésie chantée sera d'un style plus élevé ; et nous augmenterons progressivement le nombre des parties du chœur, en commençant par l'unisson, pour finir à quatre voix.

Les principes généraux et les différents exercices vocaux préparatoires seront donc d'abord chantés à l'unissson, ou à l'octave, si des enfants ou des femmes et des hommes prennent leçon ensemble.

Puisque la musique est, de tous les beaux-arts, le plus sociable et le plus répandu, pourquoi ne pas essayer d'en rendre l'étude attrayante autant que possible ?

Pourquoi ne pas tenter de faire pénétrer jusque dans les campagnes la culture d'un art qui adoucit les mœurs, rend déserts les cabarets et contribue à entretenir la paix et la bonne harmonie dans les familles de ses adeptes. C'est notre vœu le plus cher, et nous avons l'espoir fondé qu'il sera comblé.

Cette Méthode de Plain-Chant et de musique est formée de trois parties divisées en chapitres.

La *première partie* renferme la théorie complète du plain-chant et de la musique.

La *seconde partie*, PRATIQUE CHORALE, est consacrée au chant choral depuis deux jusqu'à quatre voix.

La *troisième* et dernière *partie* traite du chant uni à la parole. — Une série de chœurs à deux, trois et quatre voix, arrangés sur des airs connus, est suivie de trois fables de La Fontaine, à trois voix, et de trois chœurs originaux, écrits sur des poésies composées expressément pour cet ouvrage par Mme Marie Ravenel, humble meunière du Calvados.

Enfin, un *appendice* aux éléments du plain-chant termine notre méthode. Afin de ne pas en grossir le volume, ce qui eût trop élevé son prix de vente, nous avons laissé aux Directeurs des Orphéons le soin d'amplifier la plupart de nos exercices de solfége au tableau noir de la salle d'étude. Il est de toute nécessité qu'une classe d'orphéonistes soit pourvue d'un tableau de ce genre, ayant au moins deux accolades de quatre portées chacune d'une longeur d'un mètre cinquante centimètres environ. Deux portées de quatre lignes pour l'étude du plain-chant seront tracées au-dessus des deux accolades pour la notation musicale, et le professeur fera écrire à la craie sur l'une et l'autre de ces portées les élèves les plus intelligents de sa classe.

« J'ai plus appris, nous disait en **1834** le célèbre Bellini, en crayonnant au *tableau noir* « du conservatoire de Naples, que dans les traités des plus savants théoriciens. »

Enfin, nous donnons, pour terminer cet ouvrage, des détails sur la formation d'une classe d'orphéon, et par suite d'une société chorale.

A. E.

Paris, le 30 octobre 1860.

PREMIÈRE PARTIE.

CHAPITRE PREMIER.

§ 1. — DES NOTES ET DES INTERVALLES.

De même que pour se communiquer de loin ses pensées on a imaginé l'écriture, de même pour écrire le plain-chant (la musique du lutrin), et la musique proprement dite, on a imaginé la *notation*.

Les notes sont les lettres du plain-chant et de la musique.

Dans les deux genres (plain-chant et musique) on emploie sept notes :

UT ou DO, RÉ, MI, FA, SOL, LA, SI.

Ces sept notes forment la *gamme* ou *alphabet musical*. La gamme se chante en partant d'un son grave, et elle se chante ensuite en redescendant vers ce premier son grave. Dans ce cas, on ajoute à la septième note (ou SI) un UT (ou DO), qui n'est que la répétition du premier UT (ou DO) de la gamme. Cette faculté de monter et de descendre la gamme, lui a fait donner par les Français le nom d'*échelle* (on devrait dire double échelle), et par les Italiens le nom de *scala*, qui signifie *escalier* dans la langue maternelle des Cimarosa, des Rossini et des Donizetti

ÉCHELLE MUSICALE DES FRANÇAIS

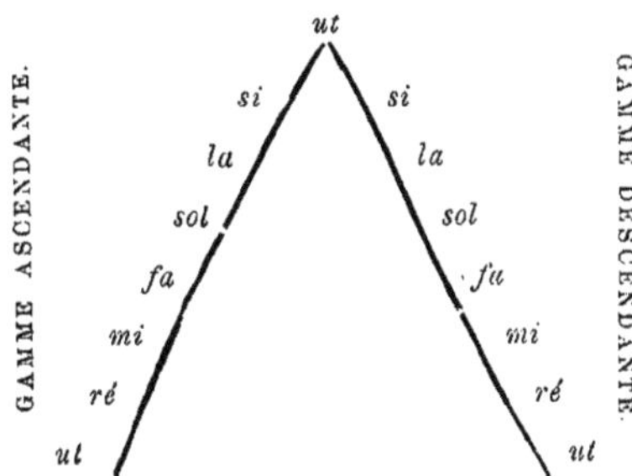

ESCALIER MUSICAL DES ITALIENS.

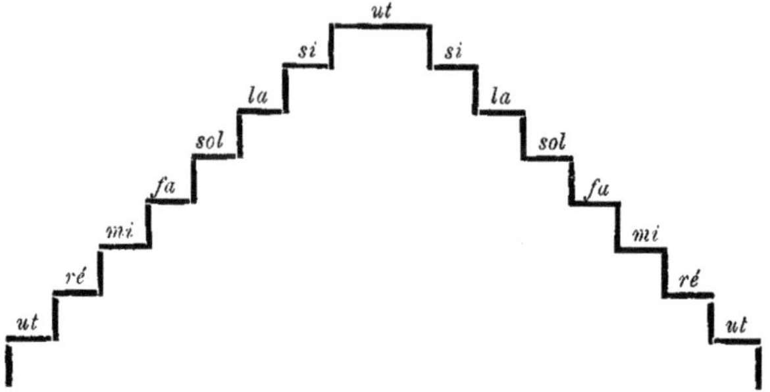

De la première note d'une gamme appelée TONIQUE, à celle qui la suit, il y a un intervalle ou une distance de SECONDE; de la tonique à la troisième note (ou médiante) une TIERCE; de la tonique à la quatrième note (ou sous-dominante), il y a une QUARTE; de la tonique à la cinquième note (ou dominante) une QUINTE; de la tonique à la sixième note (ou sus-dominante) il y a une SIXTE; de la tonique à la septième note (ou sensible), il y a une SEPTIÈME, et de la tonique à la huitième note, il y a une OCTAVE. Si l'on fait entendre l'une après l'autre, ou si l'on chante à quatre voix la TONIQUE, la TIERCE, la QUINTE et l'OCTAVE d'une gamme, on produit l'ACCORD PARFAIT.

Accord parfait mélodique ou chanté par une seule voix, ou toutes les voix, en disant l'une après l'autre la tonique, la tierce, la quinte et l'octave.

En montant :

UT,	MI,	SOL,	UT,
tonique,	tierce *ou* médiante,	dominante,	octave.

En descendant :

UT,	SOL,	MI,	UT,
octave,	dominante,	tierce *ou* médiante,	tonique.

Accord parfait harmonique, ou chanté par quatre voix faisant entendre simultanément, l'une la TONIQUE; l'autre, la TIERCE; la troisième, la DOMINANTE, et la quatrième, l'OCTAVE.

ut octave,
sol dominante.
mi tierce (ou médiante).
ut tonique.

Donc, la gamme et l'*accord parfait*, lorsque l'une ou l'autre sont chantés en faisant succéder les sons les uns aux autres, forment une MÉLODIE; mais lorsque les voix exécutent simultanément ou en même temps, les quatre sons de l'accord parfait, elles forment une HARMONIE.

Au figuré, l'accord parfait est l'image harmonique de l'union et de la concorde; au réel, il est l'accord le plus suave et le plus noble qui puisse s'entendre. — De plus, lui seul offre un sens musical absolu.

PREMIER EXERCICE CHORAL

A L'UNISSON (*)

Gamme ascendante.

UT (ou DO),	RÉ,	MI,	FA,	SOL,	LA,	SI**,	UT.
La	gamme	est	le	type	é -	ter -	nel.

Gamme descendante.

UT (ou DO),	SI,	LA,	SOL,	FA,	MI,	RÉ,	UT,
De	la	mu -	sique	au	na -	tu -	rel.

ACCORD PARFAIT ASCENDANT.

UT,	MI,	SOL,	UT,
L'ac -	cord	par -	fait

ACCORD PARFAIT DESCENDANT.

UT,	SOL,	MI,	UT,
A	cha -	cun	plait.

---

§ 2. — DES DEUX MODES.

Il y a *deux modes* ou *manières* d'être en musique, on pourrait les comparer aux deux genres masculin et féminin. Ce sont le mode *majeur* et le mode *mineur*. Les morceaux écrits dans le mode majeur (ou masculin) sont plus brillants, plus sonores, plus virils en quelque sorte que ceux qui sont écrits dans le mode mineur (ou féminin). Ces derniers ont plus de douceur. L'habitude fera distinguer facilement les deux modes l'un de l'autre. Citons, comme étant écrits en *mode majeur,* les airs populaires de :

J'ai du bon tabac,
Au clair de la lune
Partant pour la Syrie,

et les chants liturgiques de l'Église :

Magnificat anima mea,
In exitu Israel de Ægypto

Et en mineur :

Vive Henri quatre,
O ma tendre musette,
Que ne suis-je la fougère.

Et les chants liturgiques :

O Filii,
Te Deum laudamus, etc.

Le plain chant a *huit modes* ou plutôt *huit tons* : quatre modes majeurs et quatre modes mineurs. On reviendra en son lieu sur cette importante question.

(*) Ces différents exercices doivent être chantés d'abord aux élèves par leur professeur ; ce dernier ne les fera passer à l'étude du paragraphe suivant que lorsqu'ils chanteront avec justesse et ensemble la gamme d'*ut* et l'accord parfait.

(**) Dans le plain-chant la septième note de la gamme d'ut est bémolisée, et on donne à cette note le nom de *za*. Afin de ne pas jeter de trouble dans l'esprit des élèves, le professeur ne leur fera pas d'abord chanter la gamme du genre liturgique.

SECOND EXERCICE CHORAL.

Gamme majeure ascendante.

UT,	RÉ,		MI,	FA,	SOL,	LA.	SI,		UT,
On	chan	-	te	la	gamme	en	ma	-	jeur,

Gamme majeure descendante.

UT,	SI,	LA,	SOL,		FA,	MI,	RÉ,		UT,
Ce	mode	est	rem	-	pli	de	gran	-	deur.

ACCORD PARFAIT MAJEUR.

Ascendant.

UT,		MI,	SOL,		UT,
L'ac	-	cord	ma	-	jeur

Descendant.

UT,		SOL,	MI,	UT,
Char	-	me	le	cœur.

TROISIÈME EXERCICE CHORAL.

Gamme mineure ascendante.

LA,	SI,		UT,	RÉ,	MI,	FA,	SOL,		LA,
On	chan	-	te	la	gamme	en	mi	-	neur,

Gamme mineure descendante.

LA,	SOL,	FA,	MI,		RÉ,	UT,	SI,		LA.
Ce	mode	est	rem	-	pli	de	dou	-	ceur.

ACCORD PARFAIT MINEUR.

Ascendant.

LA,		UT,	MI,		LA,
L'ac	-	cord	mi	-	neur,

Descendant.

La,		MI,	UT,	LA,
Tou	-	che	le	cœur.

NOTA : Le professeur fera chanter au tableau noir, mais en n'y écrivant que le nom des notes, les gammes de SOL et de FA *majeurs* avec leurs accords parfaits respectifs. Ensuite, il y écrira les gammes de MI et de RÉ *mineurs*, ainsi que leurs accords parfaits respectifs. Les vers ou la prose rimée du second et du troisième exercice seront écrits de nouveau.

On nous pardonnera cette espèce de profanation du mètre poétique, en faveur de notre méthode toute spéciale pour habituer les élèves, dès les premières leçons, à prononcer des mots sous les sons.

---

§ 3. — DES FIGURES DE NOTES DU PLAIN-CHANT ET DE LA MUSIQUE.

Le plain-chant à trois figures de notes, savoir :

1° La longue : ■ ou ■

2° La brève : ■

3° La semi-brève : ♦

Dans le plain-chant moderne on emploie la *minime*, c'est une semi-brève à laquelle une petite queue verticale est ajoutée. Ex. : ♦

La musique a sept figures de notes, savoir :

1° La ronde. . . . . 𝅝

2° La blanche. . . . . 𝅗𝅥

3° La noire. . . . . ♩

4° La croche. . . . . ♪

5° La double-croche. . . . . . . 𝅘𝅥𝅯

6° La triple-croche. . . . . 𝅘𝅥𝅰

7° La quadruple-croche. . . . . . 𝅘𝅥𝅱

---

§ 4. — DES TROIS MESURES TYPES, SIMPLES OU PRIMORDIALES.

Afin d'obtenir une division du temps musical variée dans ses parties, mais uniforme dans sa durée, on a imaginé les mesures types, simples ou primordiales. La mesure est le mètre, ou la capacité appliquée à la durée des sons musicaux. Le plain-chant n'a pas, à proprement parler, de mesures. La forme de ses trois figures de notes, et la prosodie latine ou durée variée des syllabes longues, brèves et douteuses du texte liturgique sont les seuls guides des chantres, tandis que la musique a trois mesures types principales.

Les battements du cœur de l'homme, ceux de ses artères, figurent les temps ou les parties actives de la mesure en général : un tout étant composé de parties divisibles.

La première des trois mesures types est celle à quatre temps. Elle s'indique soit par le chiffre 4 (peu usité), soit le plus souvent par la lettre C majuscule, qui n'est elle-même qu'une ronde (𝅝) tronquée.

MESURE A QUATRE TEMPS :

C

La seconde mesure type est celle à trois temps. Elle s'indique par le chiffre 3 ou par les chiffres $\frac{3}{4}$. Les chiffres $\frac{3}{4}$ signifient que dans cette mesure, on n'emploie que trois quarts de la première mesure type, dont la capacité entière est représentée par un 4 ou un C

MESURE A TROIS TEMPS :

3 ou $\frac{3}{4}$

Le plain-chant des proses emploie souvent une brève et une semi-brève, ■ ♦, ce qui offre beaucoup d'analogie avec la mesure à trois temps remplie par une blanche et une noire | 𝅗𝅥 ♩ | en notation musicale.

La troisième mesure type est celle à deux temps. Elle s'indique par le chiffre 2 (peu usité) et le plus ordinairement par la lettre ₵ majuscule barrée, qui n'est qu'une blanche (𝅗𝅥) tronquée.

MESURE A DEUX TEMPS.

₵

Quatre forgerons battant l'enclume à temps égaux, mettent en œuvre, sans le savoir, la *mesure à quatre temps;* trois batteurs en grange figurent la *mesure à trois temps*, et des soldats marchant au pas figurent la *mesure à deux temps.*

---

§ 5. — DE LA MANIÈRE DE BATTRE LES TROIS MESURES TYPES.

On bat la mesure, soit avec la main droite en frappant dans la main gauche; soit avec le pied droit (ce qui est disgracieux), soit avec une baguette d'archet, soit, enfin, avec un simple bâton.

Le premier temps est *fort*, le second est *faible*, le troisième est *fort*, mais moins que le premier; le quatrième est encore plus faible que le second.

Le premier temps fort est naturellement et forcément le seul qui soit battu, soit dans la main gauche, soit contre un corps résistant.

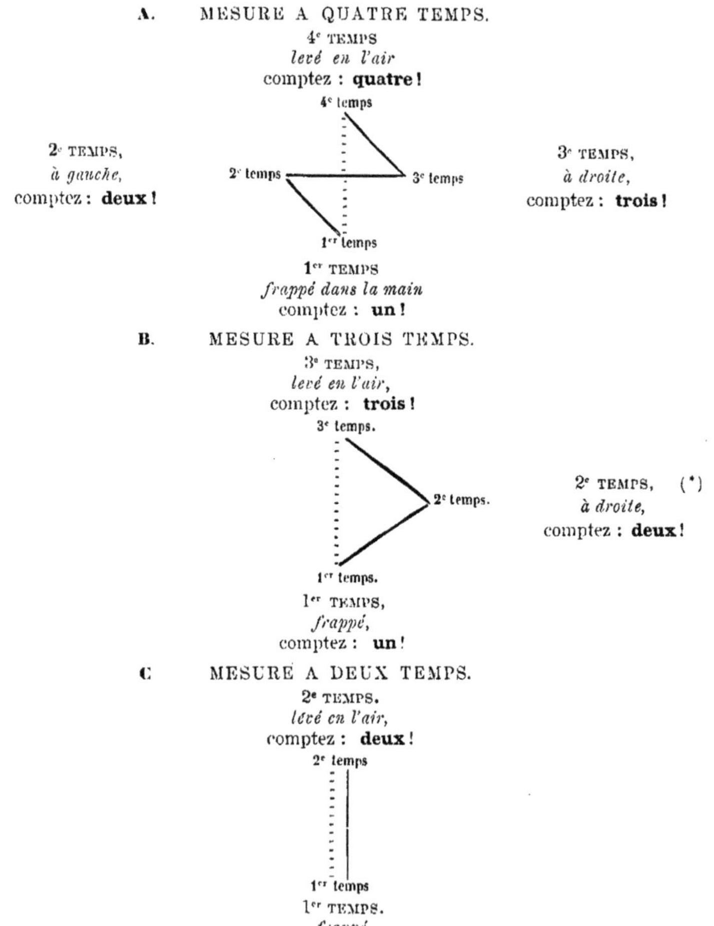

(*) En Allemagne et en Italie, beaucoup de musiciens placent à *la gauche* ce second temps. Les chefs d'orchestre français font le contraire.

EXERCICES MUETS (SANS CHANTER)

pour s'habituer à diviser et à battre avec une régularité parfaite les temps des trois mesures types.

AA. MESURE A QUATRE TEMPS C.

2	+	3
	4 *levé* **ut**	
2 *à gauche* **mi**	+	**3** *à droite* **sol**
	1 *frappé* **ut**	

2	+	3
	4 *levé* **ré**	
2 *à gauche* **fa**	+	**3** *à droite* **la**
	1 *frappé* **ré**	

2	+	3
	4 *levé* **mi**	
2 *à gauche* **sol**	+	**3** *à droite* **si**
	1 *frappé* **mi**	

2	+	3
	4 *levé* **fa**	
2 *à gauche* **la**	+	**3** *à droite* **ré**
	1 *frappé* **fa**	

2	+	3
	4 *levé* **sol**	
2 *à gauche* **si**	+	**3** *à droite* **ré**
	1 *frappé* **sol**	

2	+	3
	4 *levé* **la**	
2 *à gauche* **ut**	+	**3** *à droite* **mi**
	1 *frappé* **la**	

2	+	3
	4 *levé* **si**	
2 *à gauche* **ré**	+	**3** *à droite* **fa**
	1 *frappé* **si**	

2	+	3
	4 *levé* **ut**	
2 *à gauche* **mi**	+	**3** **sol** *à gauche*
	1 *frappé* **ut**	

BB. MESURE A TROIS TEMPS $\frac{3}{4}$.

3 *levé* **mi** — 2 *à droite* **ut** — 1 *frappé* **la**	3 *levé* **ut** — 2 *à droite* **sol** — 1 *frappé* **ut**
3 *levé* **la** — 2 *à droite* **mi** — 1 *frappé* **la**	3 *levé* **la** — 2 *à droite* **fa** — 1 *frappé* **ré**
3 *levé* **fa** — 2 *à droite* **ré** — 1 *frappé* **si**	3 *levé* **ré** — 2 *à droite* **la** — 1 *frappé* **ré**
3 *levé* **si** — 2 *à droite* **fa** — 1 *frappé* **si**	3 *levé* **si** — 2 *à droite* **sol** — 1 *frappé* **mi**
3 *levé* **sol** — 2 *à droite* **mi** — 1 *frappé* **ut**	3 *levé* **mi** — 2 *à droite* **si** — 1 *frappé* **mi**

etc.

CC. MESURE A DEUX TEMPS ₵.

2 *levé* **mi** — 1 *frappé* **ut**	2 *levé* **ut** — 1 *frappé* **sol**

MESURE A DEUX TEMPS (*suite*).

2 *levé*
fa
|
1 *frappé*
ré

2 *levé*
ré
|
1 *frappé*
la

2 *levé*
sol
|
1 *frappé*
mi

2 *levé*
mi
|
1 *frappé*
si

2 *levé*
la
|
1 *frappé*
fa

2 *levé*
fa
|
1 *frappé*
ut

2 *levé*
si
|
1 *frappé*
sol

2 *levé*
sol
|
1 *frappé*
ré

etc.

On verra, lorsque l'on étudiera la notation, que chaque réunion des temps de n'importe quelle mesure est enclavée entre deux lignes verticales (| |) appelées *barres de mesure*.

Le plain-chant emploie également des lignes verticales, moins longues que les barres de mesure de la musique, mais, seulement afin de séparer les mots du texte liturgique; ces petites barres ne coupent jamais les mots en deux. En musique, le contraire a souvent lieu, sans que l'expression en souffre aucunement.

Quand les élèves seront parvenus à bien diviser les temps des trois mesures types, en prononçant le nom des notes sans chanter leurs sons correspondants, le professeur reprendra en sous-œuvre, les trois exercices précédents, mais cette seconde étude mesuraire sera faite en chantant le son afférent à chaque note (*).

(*) Les mesures types sont *binaires*, parce que chacun des temps qui les remplit peut être divisé en deux petits temps.

§ 6. — DE LA PORTÉE DU PLAIN-CHANT ET DE LA PORTÉE MUSICALE.

On donne le nom de portée (ou réunion) aux lignes horizontales, sur lesquelles et entre lesquelles s'écrivent les notes du plain-chant et de la musique.

Le plain-chant n'emploie que quatre lignes, mais la musique moderne en emploie cinq.

Les figures de notes dont on a donné la nomenclature (§ 3) se placent en plain-chant ainsi qu'en musique, au dessous, sur, entre et au-dessus des lignes de la portée.

C'est également sur la première portée et à la gauche du lecteur que se placent les chiffres ou les signes indicateurs de la mesure choisie par le compositeur, et c'est verticalement et dans toute la hauteur de la portée que se tracent les barres de mesure de la seule musique; car le plain-chant, ainsi qu'on l'a dit précédemment, n'employant pas de mesures, n'a pas besoin naturellement de barres séparatives, dont le but, en musique, est de fixer les yeux des musiciens sur chaque premier temps frappé ou fort de la mesure.

Lorsque l'on a besoin d'écrire une ou plusieurs notes au-dessous ou au-dessus de la portée, on n'ajoute pas à cette dernière une ou plusieurs lignes horizontales d'une longueur égale a celle de la portée elle-même, mais on accompagne la note ou les notes qui ont besoin d'une ligne supplémentaire d'une petite fraction de cette même ligne.

Les quatre lignes de la portée du plain-chant ont trois interlignes, et les cinq lignes de la portée musicale ont quatre interlignes.

C'est par la première ligne du bas de la portée que commence l'ordre numérique des autres lignes.

PORTÉE DU PLAIN-CHANT.

4 lignes. 4 3 2 1 — 3 2 1 3 interlignes.

PORTÉE DE LA MUSIQUE.

5 lignes. 5 4 3 2 1 — 4 3 2 1 4 interlignes.

---

§ 7. — DES TROIS ESPÈCES DE CLEFS.

On donne le nom significatif de *clefs* à certains signes qui, placés en tête de la première portée d'un plain-chant ou d'une musique quelconque, *ouvrent* en quelque sorte le sens musical en donnant le nom de la note qui est propre à chacune d'elles à toute note *placée sur la même ligne* que la clef elle-même.

C'est donc sur les lignes de la portée que l'on place les clefs.

En plain-chant, il n'y a que deux clefs : celle d'*ut* et celle de *fa*.

En musique, on emploie concurremment avec les clefs d'*ut* ou de *fa*, une troisième clef appelée clef de *sol*.

Voici la forme de la clef d'*ut* et de la clef de *fa* du plain-chant :

clef d'*ut* : clef de *fa* :

Voici la forme des clefs d'*ut*, de *fa* et de *sol* de la musique :

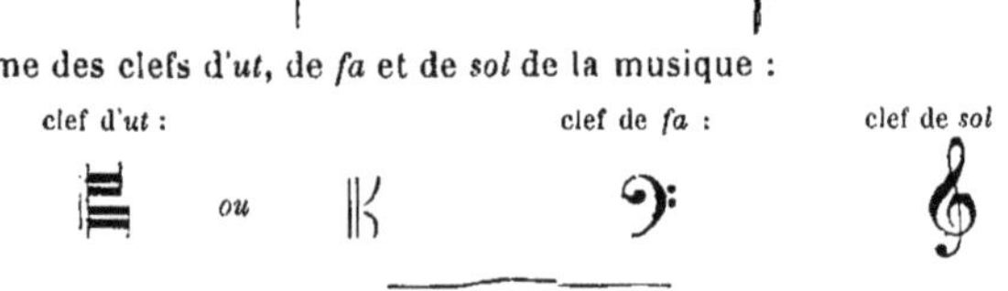

§ 8. — POSITION DES CLEFS DU PLAIN-CHANT ET DE LA MUSIQUE.

DIAPASON ET ÉTENDUE DES VOIX HUMAINES.

En plain-chant, la clef d'*ut* se pose sur la 2e, la 3e et la 4e ligne, et la clef de *fa* se pose sur la 2e et sur la 3e ligne.

En musique, la clef d'*ut* se pose sur la 1re ligne, sur la 2e ligne (inusitée pour les voix), sur la 3e ligne (rarement employée) et sur la 4e ligne; et la clef de *fa* se pose sur la 3e ligne (inusitée pour les voix), et sur la 4e ligne. La clef de *sol*, se pose sur la 1re ligne (inusitée pour les voix) et sur la 2e ligne.

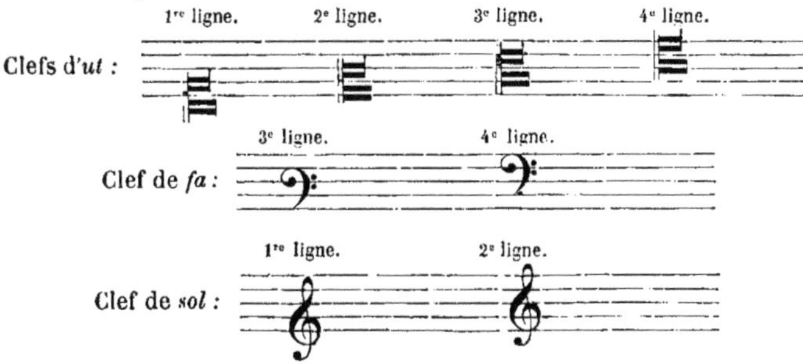

Observez que la ligne de la portée sur laquelle une clef est posée, traverse cette clef dans sa partie centrale.

Voici comment les clefs donnent le nom aux notes. — C'est dans la gamme que l'on trouve la raison de la notation en toutes clefs.

Si par exemple, j'emploie la clef d'*ut* première ligne, les notes écrites sur cette *première ligne* s'appelleront *ut*, de son nom propre; or, dans l'ordre de la gamme d'*ut*, quelle est la note qui suit immédiatement cette tonique en montant? *Réponse* : C'est la note ré. *D.* Et la suivante? *R.* La note *mi*. *D.* Et la quatrième? *R.* Le *fa*. *D.* Et la cinquième? *R.* Le *sol*; et ainsi de suite en montant la gamme, et le contraire en la descendant.

Gamme d'*ut* avec une clef d'*ut* première ligne.

Même gamme écrite en clef d'*ut* 4ᵉ ligne du plain-chant.

Même gamme écrite en clef de *fa*, 3ᵉ ligne du plain-chant.

Afin d'éviter l'emploi des lignes supplémentaires au grave ou à l'aigu, on change quelque fois de clef dans le plain-chant.

Exemple de l'emploi successif de la clef de *fa*, 3ᵉ ligne et de la clef d'*ut* également posée sur la 3ᵉ ligne.

Même gamme d'*ut*, écrite en clef de *sol*, 2ᵉ ligne de la musique.

Même gamme en clef d'*ut* 4e ligne.

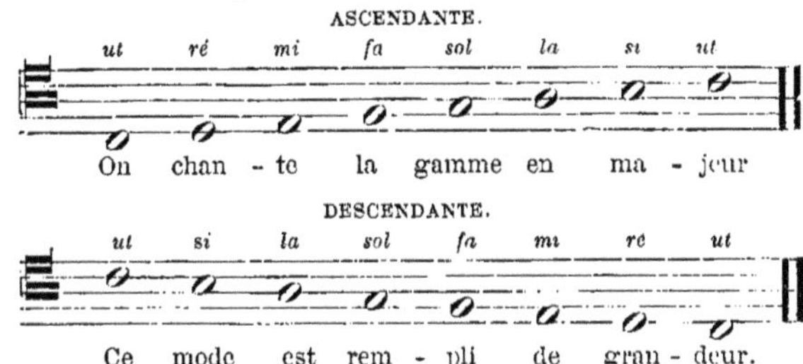

Même gamme d'*ut*, en clef de *fa*, 4e ligne.

Afin d'élaguer les difficultés de l'étude de la généralité des clefs à toutes leurs positions, il suffit que les sopranos et les ténors lisent bien les notes écrites en clef de *sol* sur la 2e ligne. — Quant aux barytons et aux basses, la clef de *fa* 4e ligne leur est seule nécessaire à connaître.

La musique destinée aux voix d'enfants et de femmes appelées *sopranos* ou *dessus*, parce qu'elles dominent celles des hommes, s'écrit généralement sur la clef de *sol* 2e ligne. Autrefois, la clef d'*ut* 1re ligne était la seule en usage. La musique des voix de ténors, dans les partitions des maîtres, est écrite en clef d'*ut* 4e ligne; mais de notre temps, et surtout pour les chœurs d'orphéons, on se sert de la clef de *sol* 2e ligne, ce qui, en favorisant la paresse des chanteurs, les oblige à leur insçu, à chanter une octave au-dessous des notes écrites en clef de *sol* 2e ligne. Cette transposition se fait naturellement, parce que les voix de ténor sont d'une octave plus graves que celles de soprano. — Quant aux barytons et aux basses-tailles, on se sert, ainsi qu'il a été dit plus haut, de la clef de *fa* 4e ligne pour écrire la musique qui leur est destinée.

Voici l'étendue des quatre voix des soprano, ténor, baryton et basse-taille :

Enfin, cet *ut* de la clef de *sol* 2e ligne, a pour *unisson*, ou son identique ou pareil :

Celui-ci des ténors :

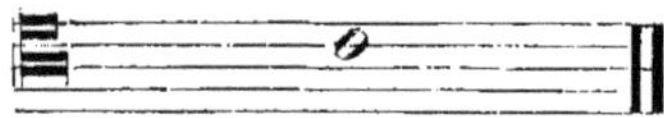

Et celui-ci des basse-taille et baryton :

L'étendue ordinaire des voix que nous venons d'indiquer prouve que chacune d'elles dépasse l'octave du son le plus grave de plusieurs degrés supérieurs.

Les intervalles chantés sur une octave supérieure prennent le nom d'intervalles composés; la seconde devient neuvième, la tierce devient dixième, la quarte devient onzième, et enfin, la quinte devient douzième.

On donne le nom de *partition vocale* à la réunion dҫs quatre voix humaines ou de n'importe quelle espèce de voix de même genre chantant ensemble des parties différentes depuis deux jusqu'à 3, 4, 5. 6, 7 et même 8 voix

PARTITION VOCALE DES QUATRE VOIX HUMAINES,

ACCORD PARFAIT D'*UT*.

1er SOPRANO
ou
1er DESSUS.

2e SOPRANO
ou
2e DESSUS.

TÉNOR.

BASSE-TAILLE.

L'espèce d'arc vertical qui réunit les quatre parties, s'appelle une *accolade*. Pour apprendre à lire promptement les notes sur les différentes clefs, il faut écrire au-dessus de chaque note d'une musique quelconque, le nom particulier de cette même note, en décomptant à partir de la note *initiale* dont la clef elle-même porte le nom.

EXEMPLES A VARIER AU TABLEAU NOIR :

---

§ 9. — DE LA DISTRIBUTION DES FIGURES DE NOTES DANS LES MESURES A QUATRE TEMPS ET A DEUX TEMPS.

La mesure à *quatre temps* est complétement remplie par une ronde (𝅝), qui s'exécute ou se chante pendant toute sa durée.

Par deux blanches : (𝅗𝅥, 𝅗𝅥), qui remplissent chacune deux temps.

Par quatre noires : (♩, ♩, ♩, ♩), qui occupent chacune un temps.

Par huit croches : (♫, ♫, ♫, ♫), divisées en quatre petits groupes de deux croches chacune.

Par seize doubles-croches : (𝅘𝅥𝅯𝅘𝅥𝅯𝅘𝅥𝅯𝅘𝅥𝅯, 𝅘𝅥𝅯𝅘𝅥𝅯𝅘𝅥𝅯𝅘𝅥𝅯, 𝅘𝅥𝅯𝅘𝅥𝅯𝅘𝅥𝅯𝅘𝅥𝅯, 𝅘𝅥𝅯𝅘𝅥𝅯𝅘𝅥𝅯𝅘𝅥𝅯), divisées par groupes de quatre pour chaque temps.

Par trente-deux triples-croches : (𝅘𝅥𝅰𝅘𝅥𝅰𝅘𝅥𝅰𝅘𝅥𝅰𝅘𝅥𝅰𝅘𝅥𝅰𝅘𝅥𝅰𝅘𝅥𝅰, 𝅘𝅥𝅰𝅘𝅥𝅰𝅘𝅥𝅰𝅘𝅥𝅰𝅘𝅥𝅰𝅘𝅥𝅰𝅘𝅥𝅰𝅘𝅥𝅰, 𝅘𝅥𝅰𝅘𝅥𝅰𝅘𝅥𝅰𝅘𝅥𝅰𝅘𝅥𝅰𝅘𝅥𝅰𝅘𝅥𝅰𝅘𝅥𝅰, 𝅘𝅥𝅰𝅘𝅥𝅰𝅘𝅥𝅰𝅘𝅥𝅰𝅘𝅥𝅰𝅘𝅥𝅰𝅘𝅥𝅰𝅘𝅥𝅰), divisées par groupes de huit remplissant chaque temps.

Enfin, par soixante-quatre quadruples - chroches : (𝅘𝅥𝅱𝅘𝅥𝅱𝅘𝅥𝅱𝅘𝅥𝅱𝅘𝅥𝅱𝅘𝅥𝅱𝅘𝅥𝅱𝅘𝅥𝅱𝅘𝅥𝅱𝅘𝅥𝅱𝅘𝅥𝅱𝅘𝅥𝅱𝅘𝅥𝅱𝅘𝅥𝅱𝅘𝅥𝅱𝅘𝅥𝅱, 𝅘𝅥𝅱𝅘𝅥𝅱𝅘𝅥𝅱𝅘𝅥𝅱𝅘𝅥𝅱𝅘𝅥𝅱𝅘𝅥𝅱𝅘𝅥𝅱𝅘𝅥𝅱𝅘𝅥𝅱𝅘𝅥𝅱𝅘𝅥𝅱𝅘𝅥𝅱𝅘𝅥𝅱𝅘𝅥𝅱𝅘𝅥𝅱, 𝅘𝅥𝅱𝅘𝅥𝅱𝅘𝅥𝅱𝅘𝅥𝅱𝅘𝅥𝅱𝅘𝅥𝅱𝅘𝅥𝅱𝅘𝅥𝅱𝅘𝅥𝅱𝅘𝅥𝅱𝅘𝅥𝅱𝅘𝅥𝅱𝅘𝅥𝅱𝅘𝅥𝅱𝅘𝅥𝅱𝅘𝅥𝅱, 𝅘𝅥𝅱𝅘𝅥𝅱𝅘𝅥𝅱𝅘𝅥𝅱𝅘𝅥𝅱𝅘𝅥𝅱𝅘𝅥𝅱𝅘𝅥𝅱𝅘𝅥𝅱𝅘𝅥𝅱𝅘𝅥𝅱𝅘𝅥𝅱𝅘𝅥𝅱𝅘𝅥𝅱𝅘𝅥𝅱𝅘𝅥𝅱), divisées par groupes de seize remplissant chaque temps.

Ces trois dernières figures de notes, répétées autant de fois, sont impraticables par les voix à cause de la rapidité d'exécution qu'elles exigent.

Ainsi : la ronde (𝅝) vaut : 2 blanches.
4 noires.
8 croches.
16 doubles-croches.
32 triples-croches.
64 quadruples croches.

La mesure à *quatre temps* peut contenir ensemble chaque groupe particulier de ces différentes valeurs ou leur mélange intelligent.

Il suffit que les quatre temps soient remplis, mais jamais en moins ou en plus.

DIVISION DE LA RONDE AVEC L'INDICATION DES TEMPS DE LA MESURE A QUATRE TEMPS.

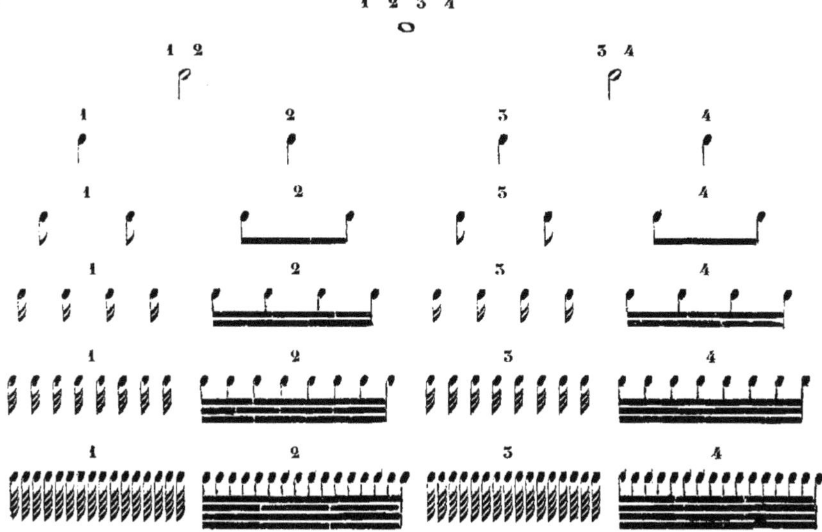

La mesure à *deux temps* étant remplie par les mêmes valeurs de notes que celle à *quatre temps*, il est inutile de répéter les exemples précédents. Nous observerons seulement que cette mesure se battant nécessairement d'une manière plus prompte que la précédente, il ne faut pas dépasser pour les voix la division en croches; quelquefois on leur fait exécuter quatre doubles-croches consécutives, mais ce cas est assez rare. Ce n'est donc qu'aux instruments que l'on peut faire exécuter les divisions de notes les plus rapides.

---

§ 10. — DU POINT (·) APRÈS LA NOTE

à propos de la distribution des valeurs de notes dans la mesure à TROIS TEMPS.

Afin de pouvoir remplir par une seule note la mesure à trois temps, on a imaginé le point (.), qui, placé après une des sept premières figures de notes, lui donne une extension de durée *d'une moitié en plus* de sa valeur à l'état naturel ou normal,

La note la plus longue qui puisse remplir une mesure à trois temps, est une blanche pointée; une blanche simple valant deux temps, au moyen du point dont on la fait suivre, elle a alors une durée de trois temps.

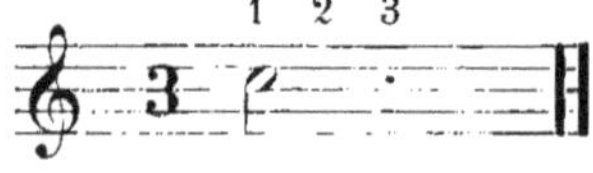

Trois noires, six croches, divisées en trois groupes de deux croches; douze doubles-croches, divisées en trois groupes de quatre doubles croches; vingt-quatre triples-croches et quarante-huit quadruples-croches, divisées également en trois groupes de huit triples et de seize quadruples-croches, peuvent remplir une mesure à trois temps. Dans la musique chorale on n'emploie jamais d'une manière consécutive les doubles, triples et quadruples croches, à cause de l'impossibilité où seraient les chanteurs de pouvoir articuler des sons aussi rapides.

Le plain-chant n'emploie pas le point, mais pour en tenir lieu, on fait suivre une longue ▪ d'une semi-brève ♦, qui remplace le point, d'un usage très fréquent en musique.

Exemple :

qui se traduit ainsi en notation musicale :

---

§ 11. — DES MESURES COMPOSÉES ET DES MESURES DÉRIVÉES.

Les trois mesures types ou simples ont des composées et des dérivées.

La mesure à *quatre temps* a pour composée la mesure à *douze huit* $\frac{12}{8}$. Ces deux chiffres superposés indiquent que *douze croches*, divisées en quatre groupes de trois croches, la remplissent, au lieu des huit croches de la mesure dont elle procède.

Ainsi : la mesure à $\frac{12}{8}$ est remplie par une ronde pointée;
— — deux blanches pointées;
— — quatre noires pointées;
— — douze croches;
— — vingt-quatre doubles-croches;
— — quarante-huit triples-croches,
— — et quatre vingt-seize quadruples-croches.

Ces trois dernières subdivisions ne sont jamais employées dans la musique vocale à cause de la rapidité d'exécution qu'elles nécessiteraient.

La mesure à *trois temps* a pour composée la mesure à *neuf huit* $\frac{9}{8}$; ces deux chiffres superposés indiquent que *neuf croches*, divisées en trois groupes de trois croches, la remplissent au lieu des huit croches de la mesure primordiale à quatre temps.

Ainsi : Une blanche pointée, suivie d'une noire pointée également, remplissent la mesure à $\frac{9}{8}$.
Trois noires pointées *id.* *id.*
Neuf croches *id.* *id.*
Dix-huit doubles-croches divisées en trois groupes de six, *id.* *id.*
Trente-six triples-croches divisées en trois groupes de douze *id.* *id.*
Soixante-douze quadruples-croches divisées en trois groupes de vingt-quatre quadruples-croches remplissent la mesure à *id.*

Ces trois dernières subdivisions sont bannies de la musique vocale a cause de la rapidité d'exécution qu'elles exigeraient.

La mesure à *deux temps* a pour composée la mesure à $\frac{6}{8}$, c'est-à-dire que six croches la remplissent, au lieu des huit croches de la mesure à quatre temps.

Une blanche pointée remplit la mesure à $\frac{6}{8}$.
Deux noires pointées *id.* *id.*
Six croches divisées en deux groupes de trois *id.*
Douze doubles croches divisées en deux groupes de six *id.*
Vingt-quatre triples-croches divisées en deux groupes de douze *id.*
Quarante-huit quadruples-croches divisées en deux groupes de vingt-quatre *id.*

Les trois dernières divisions sont bannies de la musique chorale à cause de la rapidité d'exécution qu'elles exigeraient de la part des chanteurs.

La mesure à *quatre temps* n'a pas de dérivée.

La mesure à *trois temps* a pour dérivée la mesure à *trois-huit* $\frac{3}{8}$.

Le chiffre 3 indique que trois croches remplissent cette mesure, au lieu des huit de la mesure à quatre temps.

Une noire pointée remplit la mesure à $\frac{3}{8}$.
Trois croches *id.* *id.*
Six doubles-croches par groupes de deux. *id.*
Douze triples-croches par groupes de quatre. *id.*
Vingt-quatre quadruples-croches par groupes de huit. *id.*

La mesure à deux temps a pour dérivée la mesure à $\frac{2}{4}$, c'est-à-dire que deux noires, au lieu de quatre la remplissent.

Une blanche remplit les deux temps.
2 noires *id.*
4 croches *id.*
8 doubles-croches *id.*
16 triples-croches *id.*
32 quadruples-croches.

Ces dernières divisions sont rarement employées dans la musique chorale.

RÉCAPITULATIONS.

DES MESURES COMPOSÉES ET DES MESURES DERIVÉES (*).

MESURES COMPOSÉES.

La mesure à $\frac{12}{8}$ se bat à 4 temps.

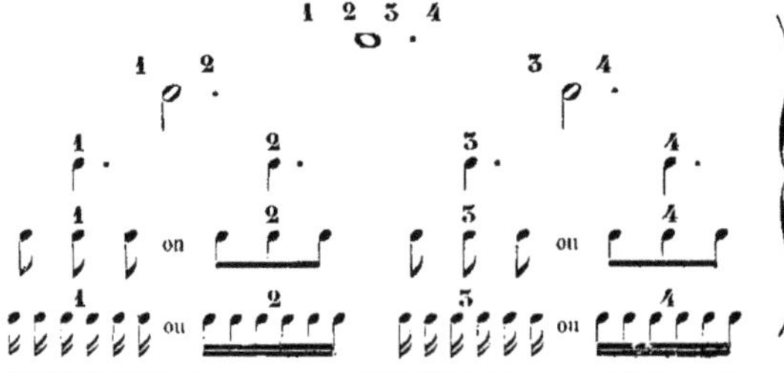

Composée de la mesure à quatre temps.

(*) Les mesures composées sont ternaires parce que chacun de leurs temps peut être rempli par trois notes.
Les mesures dérivées sont binaires, ainsi que les mesures types dont elles ne sont en quelque sorte qu'une abréviation.

MESURES COMPOSÉES *(suite)*.

La mesure à $\frac{9}{8}$ se bat à 3 temps (*).

Composée de la mesure à trois temps.

La mesure a $\frac{6}{8}$ se bat à 2 temps.

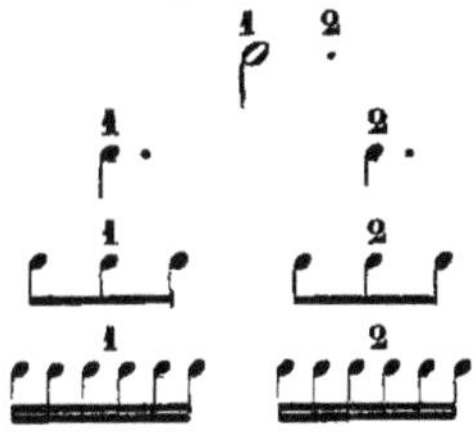

Composée de la mesure à deux temps

MESURES DÉRIVÉES.

(La mesure à quatre temps n'a pas de mesure dérivée.)

La mesure à $\frac{3}{8}$ se bat à 3 temps.

Dérivée de la mesure à trois temps.

La mesure à $\frac{2}{4}$ se bat à 2 temps.

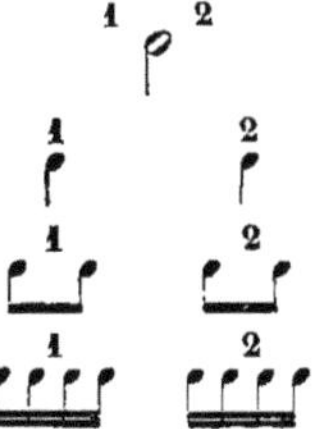

Dérivée de la mesure à deux temps.

(*) Afin de ne prononcer qu'un seul son, on a créé la liaison ⌒ qui, dans ce cas, réunit la blanche pointée à la noire pointée. Il va sans dire que si les deux notes liées ne sont pas identiques, on donne à chacune d'elles le nom qui lui est particulier.

CHAPITRE SECOND.

§ 1. — EXERCICES VOCAUX DES INTERVALLES

Compris dans l'étendue de la gamme.

Pour apprendre à chanter les différents intervalles *conjoints* ou se succédant dans l'ordre naturel de la gamme, et *disjoints* ou sautant de deux, de trois, de quatre, de cinq, et même de six, sept et huit sons, on doit, après avoir chanté la gamme naturelle majeure et mineure, se livrer à l'étude progressive des intervalles, en commençant par les plus rapprochés les uns des autres.

Exemples notés en clef de *sol* et en clef de *fa* que les élèves devront étudier, en nommant d'abord les notes, ce qui est *solfier*, et ensuite, en chantant sous les notes les paroles qui donnent l'explication de la nature particulière des différents degrés notés.

§ 2. — MESURE A QUATRE TEMPS (*).

TONIQUE.

ut

La *to* - *nique* est de tou - te gam - me,

ut

La *to* - *nique* est de tou - te gam - me,

Le pre - mier son ou le *sé* - *sa* - *me*.

Le pre - mier son ou le *sé* - *sa* - *me*.

SECONDE.

ré

Et la *se* - *con* - *de* qui la suit

ré

Et la *se* - *con* - *de* qui la suit

(*) Le professeur fera chanter ensuite à deux temps ces exercices.

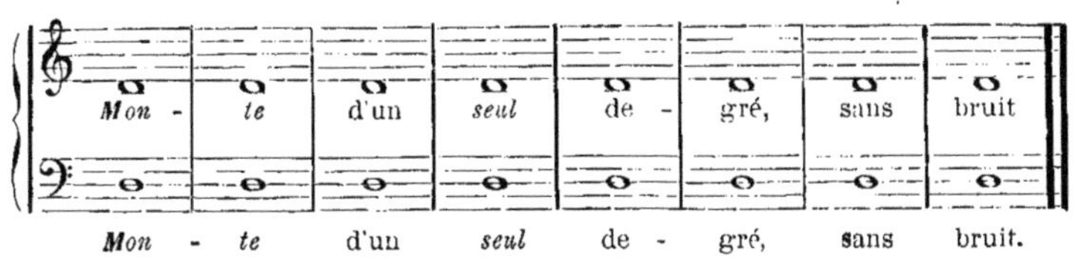

TIERCE *ou* MÉDIANTE.

QUARTE *ou* SOUS-DOMINANTE.

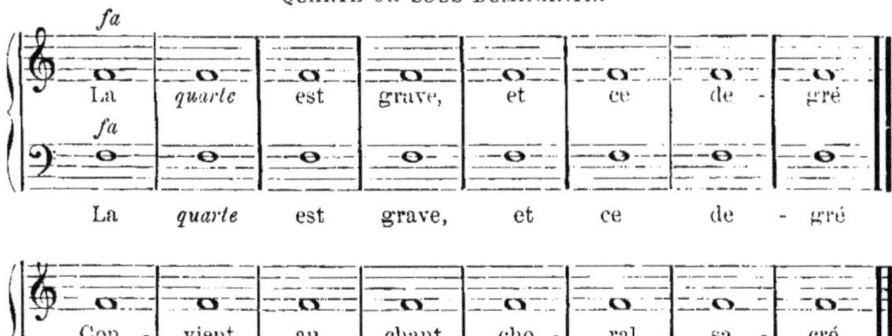

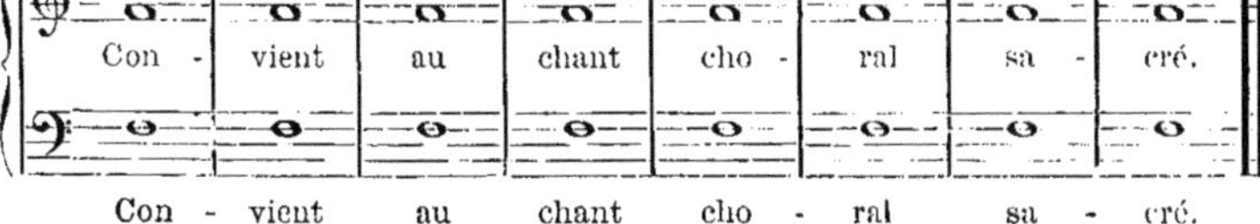

QUINTE *ou* DOMINANTE.

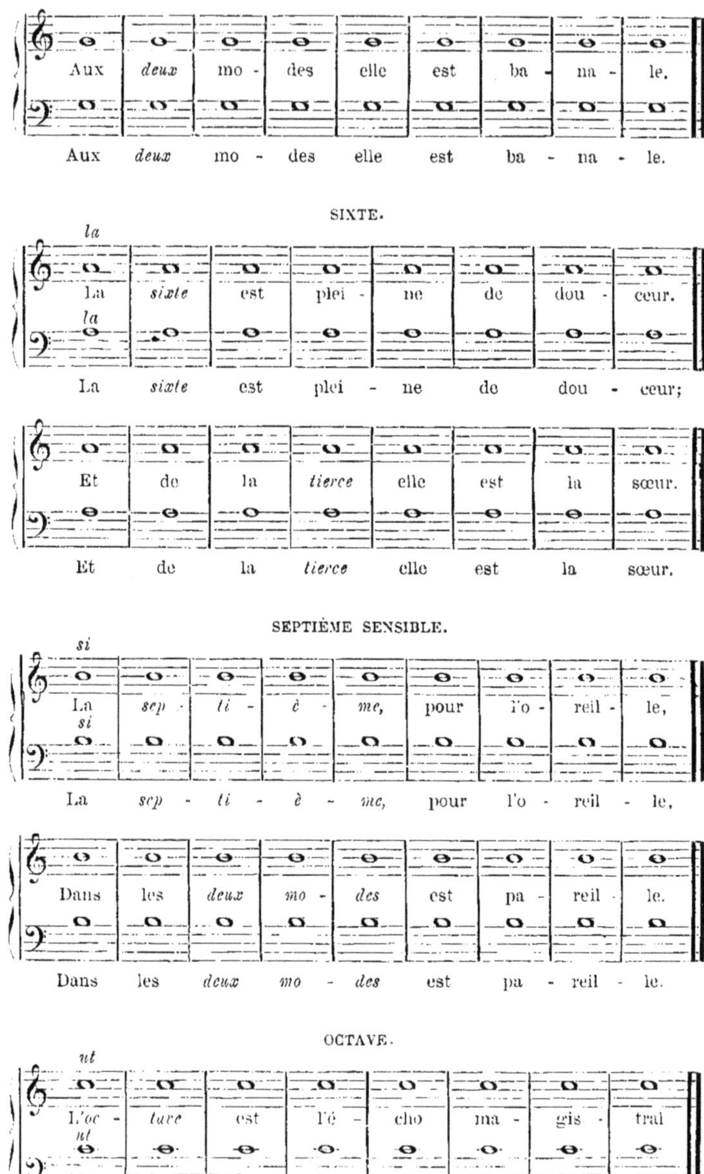
Aux deux mo - des elle est ba - na - le.
Aux deux mo - des elle est ba - na - le.
SIXTE.
la
La sixte est plei - ne de dou - ceur.
la
La sixte est plei - ne de dou - ceur;
Et de la tierce elle est la sœur.
Et de la tierce elle est la sœur.
SEPTIÈME SENSIBLE.
si
La sep - ti - è - me, pour l'o - reil - le,
si
La sep - ti - è - me, pour l'o - reil - le,
Dans les deux mo - des est pa - reil - le.
Dans les deux mo - des est pa - reil - le.
OCTAVE.
ut
L'oc - tave est l'é - cho ma - gis - tral
ut
L'oc - tave est l'é - cho ma - gis - tral

Du son *to* - *nique* i - ni - ti - al.

Du son *to* - *nique* i - ni - ti - al.

Le professeur fera redescendre cette gamme en la faisant chanter au rebours par les élèves; de plus il l'écrira au tableau en blanches, noires et croches, afin d'habituer les commençants à chanter ces différentes valeurs de notes.

Voici la même gamme écrite sur la clef d'*ut* 4e ligne et sur la clef de *fa* 3e ligne du plain-chant.

On n'a donné que le premier degré; le professeur écrira les sept autres sur le tableau noir de la classe.

Enfin, voici, quant au premier degré, la même gamme écrite à trois temps.

Le professeur la complètera au tableau noir, en écrivant de nouveau les vers qui indiquent la nature des autres degrés de l'échelle musicale.

§ 3. — MESURE A TROIS TEMPS.

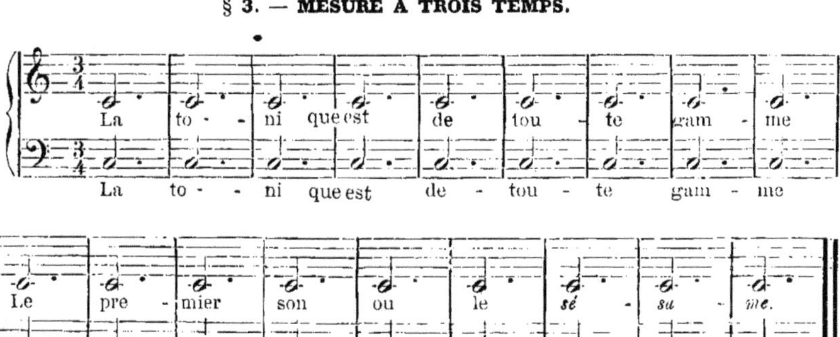

Le professeur variera les valeurs de notes dans cette mesure, en écrivant la gamme en noires et en croches.

§ 4. — INTERVALLES DE SECONDE, DE TIERCE, DE QUARTE, DE QUINTE, DE SIXTE, DE SEPTIEME, D'OCTAVE ET DE NEUVIÈME (*), en partant de la Tonique et en y retournant.

MUSIQUE. PLAIN-CHANT.

Secondes. *Secondes.*

Tierces *Tierces.*

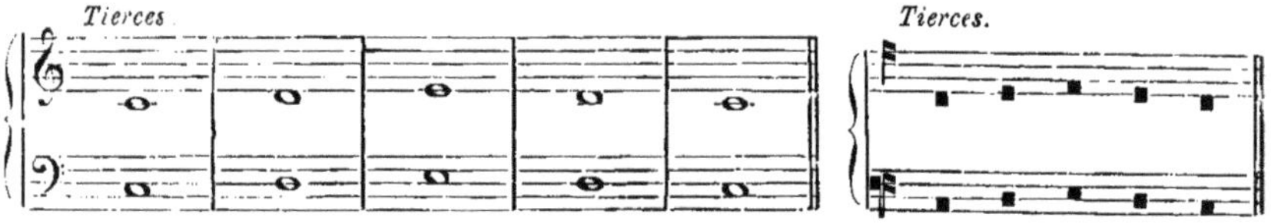

Quartes *Quartes.*

Quintes. *Quintes.*

Sixtes. *Sixtes.*

Septièmes. *Septièmes.*

(*) Dans la pratique chorale, il est très-rare que l'intervalle de neuvième soit franchi par une voix sans être précédé d'autres sons intermédiaires.

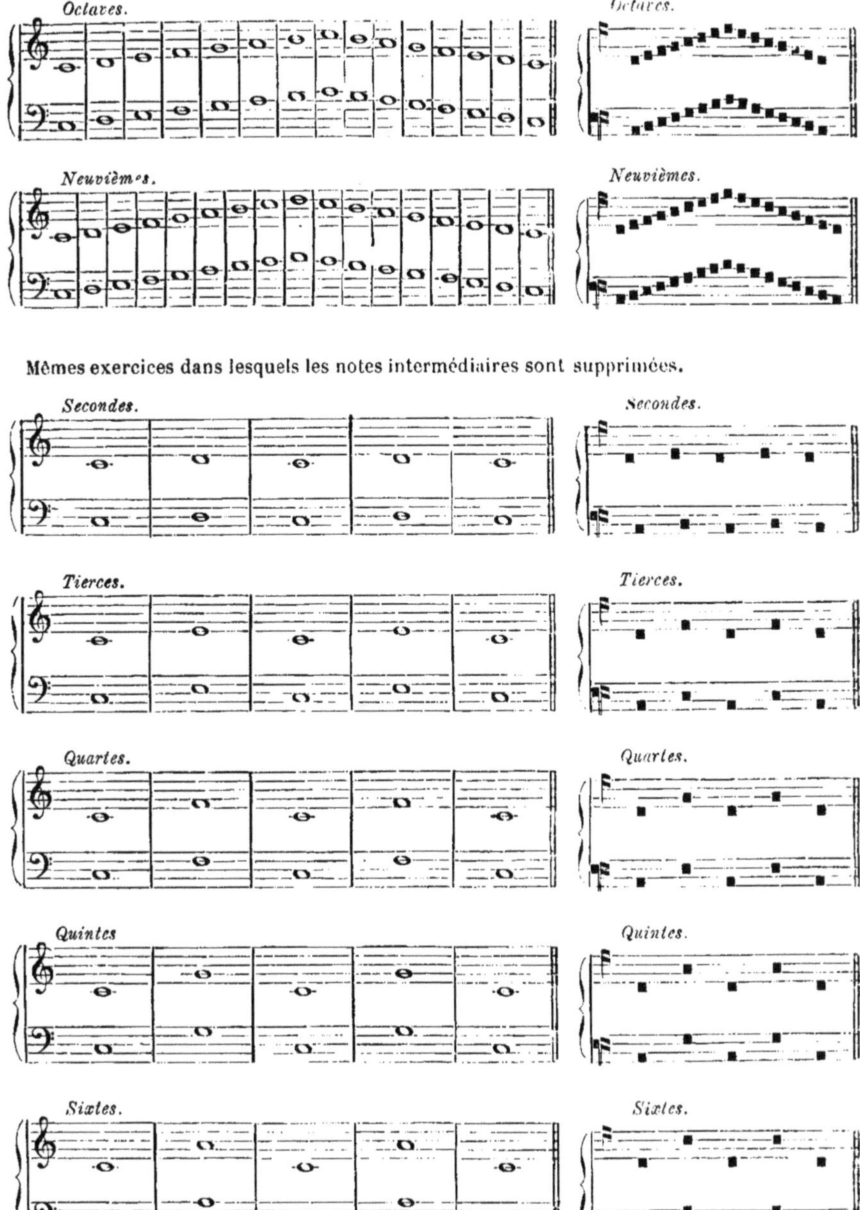

Mêmes exercices dans lesquels les notes intermédiaires sont supprimées.

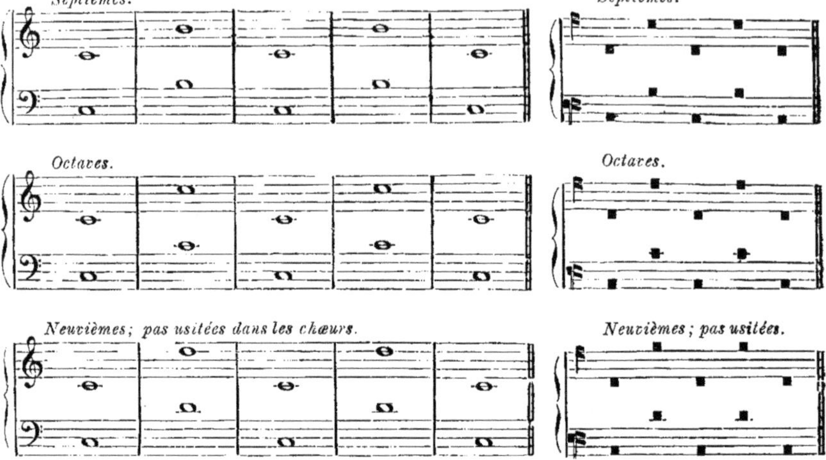

Le professeur fera chanter ces exercices à deux temps et il les notera à trois temps au tableau noir pour la musique seulement; de plus, il variera les valeurs des notes depuis trois noires jusqu'à six croches inclusivement.

Enfin, le professeur fera chanter les exercices du § 4 en les reprenant au rebours, c'est-à-dire en allant du dernier au premier, soit de la neuvième à la tonique, de l'octave à la tonique, de la septième à la tonique, etc., etc.

---

§ 5. — DE LA FORMATION DES DEUX GAMMES, MAJEURE ET MINEURE.

La gamme majeure, expression du *mode majeur*, et la gamme mineure, expression du *mode mineur*, sont formées chacune de cinq tons et de deux demi-tons diatoniques. — C'est la position de ces deux demi-tons qui, en rendant majeure ou mineure la première tierce des deux toniques, détermine la gamme spéciale de chaque mode. La *tonique* (ou la première note d'une gamme) donne son nom à toute espèce de morceau écrit dans la gamme choisie : ainsi, lorsque l'on dit que tel chœur, tel air, par exemple, est en *ut majeur*, cela signifie que la tonique de la gamme de ce chœur ou de cet air, est la note *ut* et que le ton est *majeur*.

Voici quelle est la position des deux demi-tons dans la *gamme majeure* et dans la *gamme mineure*.

A. GAMME MAJEURE. (*)

Observez que le premier demi-ton de la gamme majeure existe du 3e au 4e degré et que le second demi-ton existe du 7e au 8e degré.

(*) Par une singularité bizarre, on met un *bémol* au *si* lorsqu'on redescend la gamme en plain-chant, cette note prend le nom de *za*.

Plus loin l'on verra quel est l'emploi du *bémol*, dont il n'est parlé ici que d'une manière accidentelle.

B. GAMME MINEURE.

Dans la gamme mineure, le premier demi-ton se trouve du deuxième au troisième degré et le deuxième demi-ton du septième au huitième degré. La position du second demi-ton est la même dans la gamme mineure que dans la gamme majeure. Mais pour obtenir artificiellement ce dernier demi-ton, il a fallu hausser la septième note de la gamme mineure. Cet exhaussement s'obtient au moyen du signe ♯ appelé *dièse* (c'est lui qui a été employé dans l'exemple précédent.) Souvent aussi l'on exhausse la septième note au moyen de cet autre signe ♮ appelé *bécarre*.

Dans la gamme mineure, objet de l'exemple précédent, on a également placé un ♯ dièse devant le sixième degré afin de hausser ce degré d'un demi-ton, ce qui, du cinquième degré au sixième, donne, par le fait de l'emploi du dièse, la distance *d'un ton*, tandis que dans l'ordre naturel, il n'y a qu'un demi-ton du son *mi* (cinquième degré de la gamme de *la*) au son *fa* (sixième degré de la même gamme).

Dans une section spéciale et formant le § 7, on expliquera en détail la nature et la fonction de ces deux signes, qui, avec un troisième appelé *bémol* ♭ forment la famille des *signes accidentels*.

Voici, pour terminer cette section, une répétition dans la *gamme mineure*, quant aux intervalles des exercices donnés en mode majeur, page 37.

(*) La première partie devra être chantée à l'octave supérieure, si elle est exécutée par des ténors ; il n'y a que les sopranos ou dessus qui devront exécuter la note dans le diapason de la clef de *sol* 2e ligne.

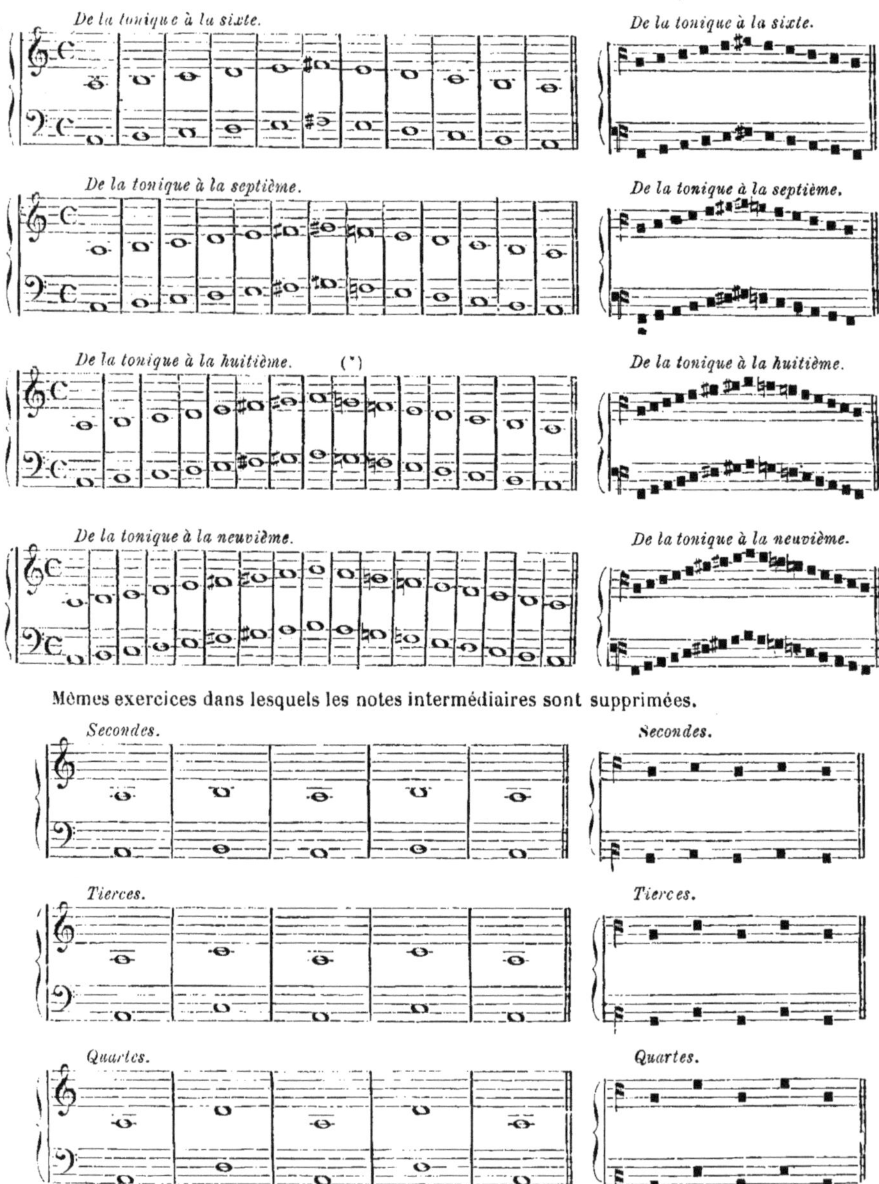

(*) On expliquera plus loin pourquoi la gamme de *la* mineur descendante emploie ce signe ♮ (bécarre), qui dans certaines gammes mineures est remplacé par le ♭ (bémol.)

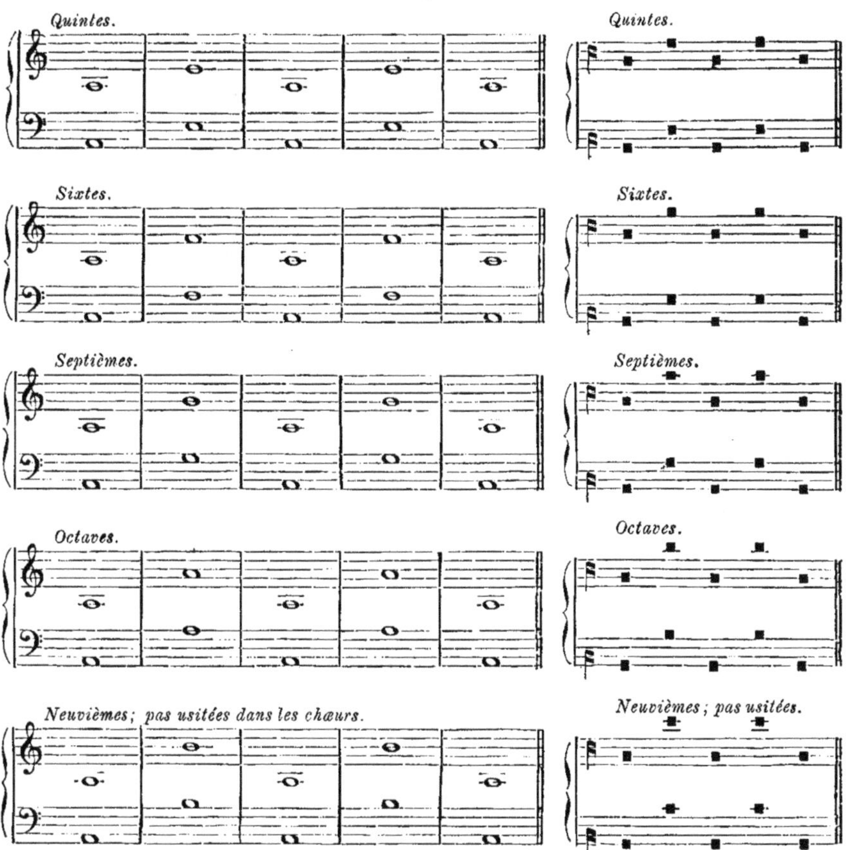

Le professeur fera chanter ces exercices à deux et à trois temps; de plus, il les fera reprendre en sens inverse, c'est-à-dire en commençant par le dernier pour finir par le premier.

§ 6. — DES MODES OU TONS DU PLAIN-CHANT.

Ce qui différencie le système tonal de la musique de celui du plain-chant, c'est que le premier n'a que deux modes (le majeur et le mineur), tandis que le second (celui du plain-chant) a une tonalité indécise qui s'exprime par différents *modes* ou *tons*.

Le plain-chant a *huit modes ou tons*. En musique, on désigne le ton d'un morceau par le nom qui lui est propre. Exemple : le chœur de la *Retraite* est en *ut majeur*. En plain-chant, on ne nomme pas le nom du ton, mais l'ordre numérique qu'il occupe dans l'échelle des huit tons. Exemple : cette *Antienne* est du 1er ou du 2e ou du 3e ton, etc., etc.

Quatre de ces huit *modes* ou *tons* sont *majeurs* et quatre autres sont *mineurs*.

Les différents *modes* ou *tons* du plain-chant sont formés de notes MODALES, NATURELLES ou PRINCIPALES et de notes CARDINALES (de *cardo*, gond de porte), parce que la mélodie *roule* particulièrement sur elles.

On les classe ainsi :

1° La **FINALE** ou note qui termine le morceau.

2° Les deux notes extrêmes de l'octave dans laquelle le *mode* ou *ton* est renfermé.

3° La *teneur* ou DOMINANTE ou *corde chorale*, appelée ainsi parce que toutes les notes convergent vers elle, sans quoi chaque *ton* ou *mode* ne serait pas indiqué ou précisé suffisamment.

4° La *médiane* ou MÉDIANTE. C'est la tierce de la gamme; elle détermine la qualité *majeure* ou *mineure* du mode.

5° La DISCRÉTIVE ou *disjonctive*, ou note qui sépare les deux parties de la gamme de chaque mode (de *discretivus*, qui sépare en deux) c'est-à-dire, que cette note sépare l'octave du mode en deux parties inégales auxquelles on a donné le nom de *Tétracorde* (*).

Voici la nomenclature des huit *tons* ou *modes* du plain-chant. On observera que ces huit modes sont divisés en supérieurs ou authentiques et en inférieurs ou plagaux.

	FINALE.	DOMINANTE.
1er mode ou ton, supérieur ou *authentique*.	RÉ	LA
2e mode ou ton, inférieur ou *plagal*.	RÉ	FA
3e mode ou ton, supérieur ou *authentique*.	MI	UT
4e mode ou ton, inférieur ou *plagal*.	MI	LA
5e mode ou ton, supérieur ou *authentique*.	FA	UT
6e mode ou ton, inférieur ou *plagal*.	FA	LA
7e mode ou ton, supérieur ou *authentique*.	SOL	RÉ
8e mode ou ton, inférieur ou *plagal*.	SOL	UT

(*) On donne le nom de *Tétracorde* à la succession naturelle des quatre premiers sons ou cordes et des quatre derniers sons ou cordes d'une gamme. Ex.

PREMIER TÉTRACORDE.				DEUXIÈME TÉTRACORDE.			
ut,	*ré*,	*mi*,	*fa*.	*sol*,	*la*	*si*.	*ut*.
1	2	3	4	1	2	3	4

Voici un exemple noté très-complet des huit modes ou tons du plain-chant, avec l'indication en note longue ▪, de la FINALE; en semi-brève ♦, de la DOMINANTE; ainsi que la position des deux demi-tons en note brève ■, suivie de la LIMITE vocale de chaque mode ou ton. Ces derniers sont notés sur la clef employée pour chacun d'eux, et la note *carrée noire* indique leur disjontive respective.

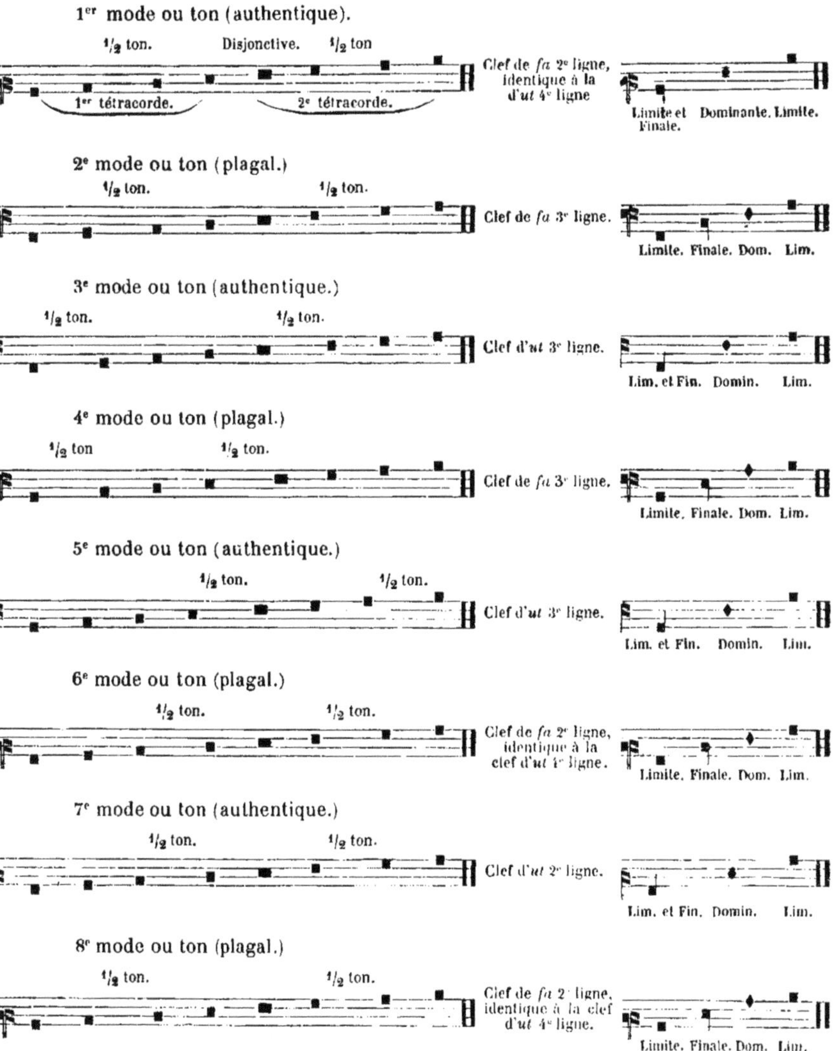

§ 7. — DES TROIS SIGNES ACCIDENTELS.

L'emploi de chacun de ces trois signes est de hausser, baisser et remettre dans son état naturel une valeur de note quelconque devant laquelle chacun d'eux peut être placé *accidentellement*, c'est-à-dire dans le courant d'un morceau. Le *dièse* (♯) hausse la note qu'il précède d'un demi-ton. C'est par son emploi que l'on a obtenu un ton du cinquième au sixième et du sixième au septième degré de la gamme de *la mineur* analysée précédemment (§ 5). Ce signe accidentel n'est pas employé dans le plain-chant. — Le *bémol* (♭) baisse d'un demi-ton la note qu'il précède. Il est employé dans le plain-chant et affecte la gamme descendante d'*ut*, en donnant à la note *si* le nom de *za* (relire la note du cinquième paragraphe, page 26). — Le *bécarre* (♮) remet dans son état naturel ou normal toute note diésée ou bémolisée. Il s'emploie dans le plain-chant.

Ces trois signes n'ont de valeur que dans la seule mesure où ils sont employés accidentellement. Cependant, on va voir dans le paragraphe suivant, que, placés à la clef d'un morceau de musique, le *dièse* et le *bémol* conservent l'un et l'autre toute leur valeur augmentative et diminutive (sauf l'emploi passager du *bécarre*) pendant toute la durée d'une même composition musicale.

---

§ 8. — DE LA FORMATION DES GAMMES, MAJEURES ET MINEURES, DIÉSÉES ET BÉMOLISÉES.

L'art musical n'aurait pu faire un pas, et la mélodie eut été trop circonscrite, si toute espèce de composition vocale ou instrumentale avait dû toujours être écrite, soit en *ut majeur*, soit en *la mineur*. Pour éclairer ou assombrir ces deux gammes types, on a imaginé de les transposer en montant et en descendant d'une quinte. Les gammes transposées d'une quinte *supérieure* emploient depuis un jusqu'à sept dièses, et les gammes transposées d'une quinte *inférieure* emploient depuis un jusqu'à sept bémols.

A. — DÉTAILS SUR LES GAMMES MAJEURES PAR LES DIÈSES.

Le premier dièse se pose à la clef sur la ligne de la note *fa*. Ce *fa* diésé est la septième ou sensible de la gamme majeure placée cinq degrés (ou une quinte supérieure) au-dessus de celle d'*ut*, type du ton majeur. Or, le cinquième degré supérieur de la gamme d'*ut* étant la note *sol*, il advient qu'avec un dièse à la clef on est en *sol majeur*.

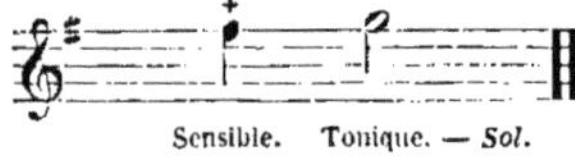

Sensible. Tonique. — *Sol.*

Le second dièse se pose sur l'*ut*, concurremment avec le *fa* dièse. *Ut* dièse étant la septième ou sensible de la gamme de *ré*, avec deux dièses à la clef, on est en *ré majeur* :

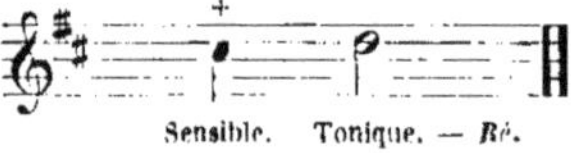

Sensible. Tonique. — *Ré.*

Le troisième dièse se pose sur le *sol*, concurremment avec les deux précédents. *Sol* dièse étant la septième ou sensible de la gamme de *la*, avec trois dièses à la clef, on est en *la majeur*.

Sensible. Tonique. — *La.*

Le quatrième dièse se pose sur le *ré,* concurremment avec les trois précédents. *Ré* dièse étant la sensible de la gamme de *mi*, avec quatre dièses on est en *mi majeur*.

Sensible. Tonique. — *Mi.*

Le cinquième dièse se pose sur le *la*, concurremment avec les quatre précédents. *La* dièse étant la sensible de la gamme de *si*, avec cinq dièses on est en *si majeur*.

Sensible. Tonique. — *Si.*

Le sixième dièse se pose sur le *mi*, concurremment avec les cinq précédents. *Mi* dièse étant la sensible de la gamme de *fa* dièse, avec six dièses on est en *fa dièse majeur*.

Sensible. Tonique. — *Fa* ♯.

Enfin, le septième dièse se pose sur le *si*, concurremment avec les six précédents. *Si* dièse étant la sensible de la gamme d'*ut* dièse, avec sept dièses on est en *ut dièse majeur*.

Sensible. Tonique. — *Ut* ♯.

Dans la pratique vocale surtout, on ne place guère plus de quatre ou de cinq dièses à la clef.

Le professeur fera chanter les quatre premières gammes majeures diésées, ainsi que l'exercice vocal de seconde, tierce, quarte, etc., transposé au tableau en *sol*, en *ré*, en *la* et en *mi majeurs*. Il fera écrire au tableau les différentes gammes et exercices par les élèves les plus intelligents de la classe orphéonique.

B. — DÉTAILS SUR LES GAMMES MINEURES PAR LES DIÈSES (*).

De même que le le ton type *d'ut majeur* a pour gamme mineure naturelle celle de *la*, dont le son tonique est son sixième degré, de même tous les tons majeurs qui emploient depuis un jusqu'à sept dièses ont également chacun un ton mineur principal relatif. dont le son-tonique se trouve être leur sixième degré ascendant.

Ainsi, le ton de *sol majeur* a pour relatif mineur principal le ton de *mi mineur* :

Sensible. Tonique. — *Mi mineur.*

Celui de *ré majeur* a pour relatif mineur principal le ton de *si mineur* :

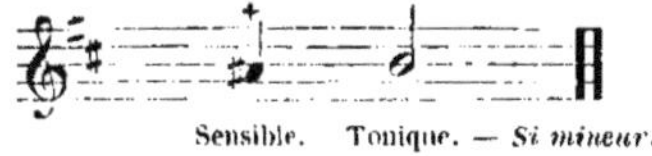

Sensible. Tonique. — *Si mineur.*

(*) La sensible des tons majeurs et mineurs avec dièses, est identique, — mais le dièse qui l'affecte, est *permanent* à la clef pour les premiers et *accidentel* pour les seconds.

Le ton de *la majeur* a pour relatif mineur principal le ton de *fa dièse mineur*.

Le ton de *mi majeur* a pour relatif mineur principal le ton d'*ut dièse mineur* :

Le ton de *si majeur* a pour relatif mineur principal le ton de *sol dièse mineur* :

Le ton de *fa dièse majeur* a pour relatif mineur principal le ton de *ré dièse mineur* :

Le ton d'*ut dièse mineur* a pour relatif mineur principal le ton de *la dièse mineur* :

Le professeur fera d'abord chanter la gamme mineure de *la* naturel, qui forme l'objet de l'exercice vocal suivant : puis il la transposera au tableau, dans les tons de *mi mineur*, de *si mineur*, de *fa dièse mineur* et d'*ut dièse mineur*.

GAMME ASCENDANTE.

En redescendant la gamme mineure, on supprime les dièses accidentels, et toutes les notes se chantent au naturel, comme dans la gamme d'*ut majeur*. Cette manière de redescendre les gammes mineures leur donne beaucoup de charme.

(1) (2) et (3). Afin d'augmenter d'un demi-ton les notes *fa dièse* (1), *ut dièse* (2) et *sol dièse* (3), on a imaginé le *double-dièse* (𝄪 ou ✕). C'est par son emploi que dans les trois gammes précitées on obtient accidentellement la sensible.

Voici la répétition en *la mineur* des exercices donnés en *ut majeur*, § 4, page 24.

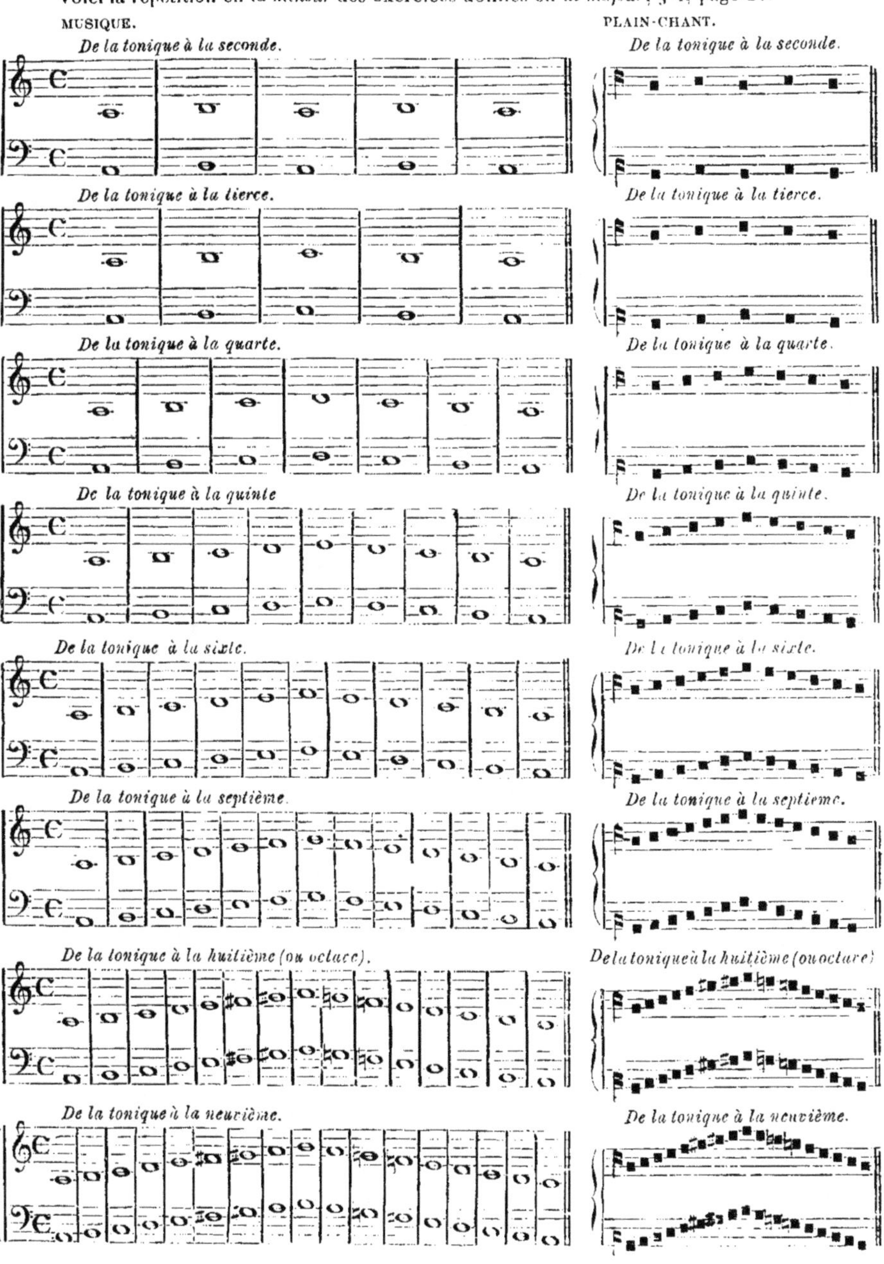

Mêmes exercices dans lesquels les notes intermédiaires sont supprimées.

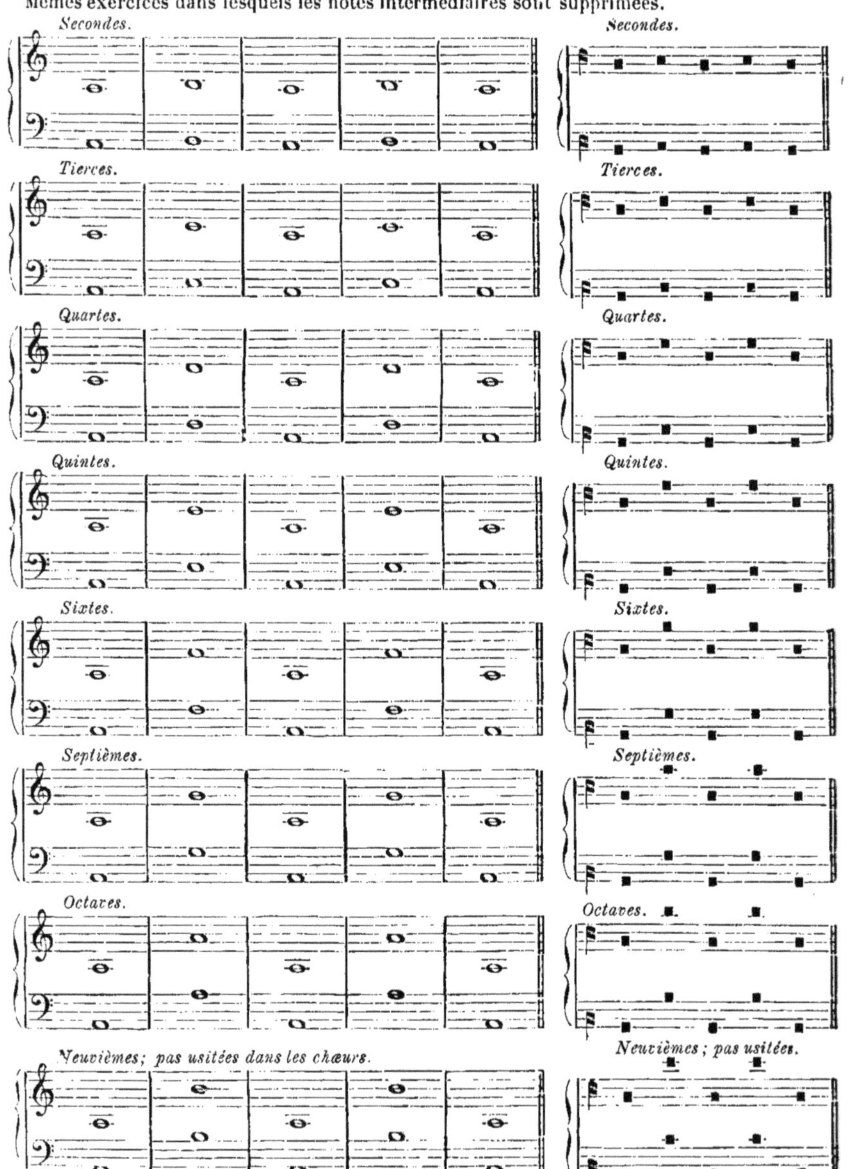

Le professeur fera chanter ces exercices à deux et à trois temps; de plus, il les fera reprendre en sens inverse, c'est-à-dire en commençant par le dernier pour finir par le premier.

C. DÉTAILS SUR LES GAMMES MAJEURES PAR LES BÉMOLS (*).

Le premier bémol se pose à la clef sur la ligne occupée par la note *si*, ce qui change ou transpose la gamme d'*ut majeur* en celle de *fa majeur*.

Sensible. Tonique. — *Fa majeur.*

Pour éviter des répétitions fastidieuses, disons une fois pour toutes que le nouveau bémol posé à la clef est toujours accompagné de celui ou de ceux qui l'avaient précédé dans l'*armure* de la clef.

Le second bémol se pose sur le *mi*, et le ton est celui de *si bémol majeur;*

Sensible. Tonique. — *Si ♭ majeur.*

Le troisième bémol se pose sur le *la*, et le ton est celui de *mi bémol majeur;*

Sensible. Tonique. — *mi ♭ majeur.*

Le quatrième bémol se pose sur le *ré*, et le ton est celui de *la bémol majeur;*

Sensible. Tonique. — *La ♭ majeur.*

Le cinquième bémol se pose sur le *sol*, et le ton est celui de *ré bémol majeur;*

Sensible. Tonique. — *Ré ♭ majeur.*

Le sixième bémol se pose sur l'*ut*, et le ton est celui de *sol bémol majeur;*

Sensible. Tonique. — *Sol ♭ majeur.*

Enfin, le septième bémol se pose sur le *fa*, et le ton est celui d'*ut bémol majeur;*

Sensible. Tonique. — *Ut ♭ majeur.*

On n'emploie guère plus de quatre ou cinq bémols pour la musique vocale. Avant de passer outre, disons que pour bémoliser de nouveau une note déjà affectée par ce signe, on a imaginé le double bémol (♭♭).

D. DÉTAILS SUR LES GAMMES MINEURES PAR LES BÉMOLS.

Le sixième degré de toute gamme majeure naturelle, avec dièses ou bémols, étant le son tonique de sa gamme mineure principale relative, le ton de *fa majeur* a pour relatif celui de *ré mineur.*

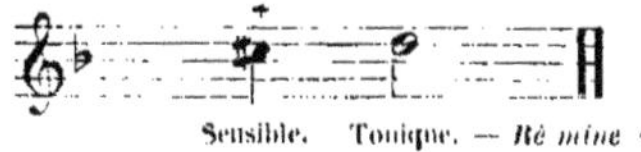

Sensible. Tonique. — *Ré mineur.*

(*) Le bémol permanent se pose à la clef sur le 4e degré ou sur la sous-dominante du ton qu'il détermine.

Le ton de *si bémol majeur* a pour relatif mineur celui de *sol mineur*.

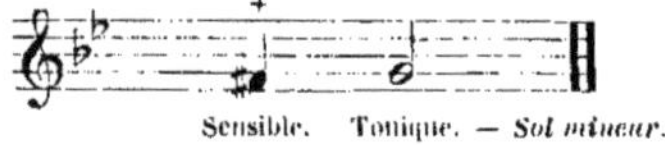

Le ton de *mi bémol majeur* a pour relatif mineur celui d'*ut mineur*.

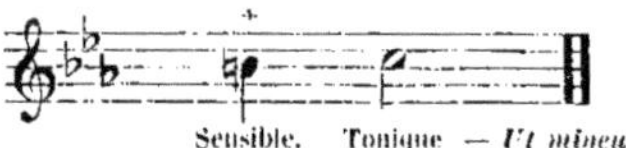

Le ton de *la bémol majeur* a pour relatif mineur celui de *fa mineur*.

Le ton de *ré bémol majeur* a pour relatif mineur celui de *si bémol mineur*.

Le ton de *sol bémol majeur* a pour relatif mineur celui de *mi bémol mineur*.

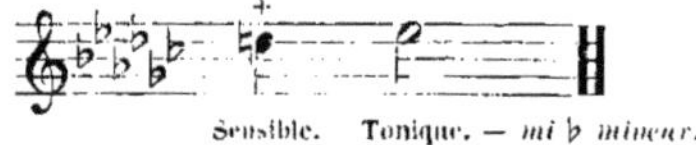

Le ton d'*ut bémol majeur* a pour relatif mineur celui de *la bémol mineur*.

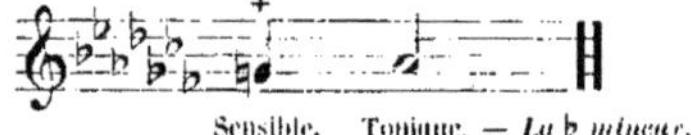

On observera que la sensible des deux premiers tons mineurs avec bémols (*fa* et *si*) est produite par l'emploi de dièses accidentellement posés, tandis que les tons mineurs suivants ont leur sensible produite accidentellement par l'emploi du bécarre, dont les propriétés vont être détaillées dans le paragraphe suivant.

Le professeur écrira au tableau noir les quatre premières gammes majeures et mineures avec bémols et il remettra également dans chacun de ces quatre premiers tons l'exercice vocal donné sur les intervalles de chacune des deux gammes d'*ut majeur* et de *la mineur* (page 24 et suivantes, pages 35 et 36.)

---

§ 9. — DU BÉCARRE.

Le bécarre, dont la fonction est, ainsi qu'on l'a dit précédemment (§ 7), de rétablir dans son état naturel ou normal toute note diésée ou bémolisée, soit accidentellement, soit d'une manière permanente (c'est-à-dire lorsque l'un ou l'autre forment l'armure de la clef), ne se pose lui-même comme armure d'une clef, que lorsque le compositeur, après avoir employé d'une manière permanente un ou plusieurs dièses ou bémols, désire, dans un nouveau morceau, enlever tout ou partie des dièses ou bémols employés par lui précédemment.

A. Exemple d'un ton avec dièses dont on a enlevé l'un de ces derniers.

Tonique primitive. Tonique nouvelle.

Le *sol* ♮ établit le ton de *ré majeur*, qui n'a que deux dièses à la clef.

AA. Même exemple dont les trois dièses sont remplacés par trois bécarres posés sur les notes diésées primitivement.

La majeur. *La* mineur.

Le ton primitif étant celui de *la majeur*, au moyen des trois bécarres on a établi celui de *la mineur* (relatif mineur principal du ton d'*ut majeur*)

B. Exemple d'un ton avec bémols dont on a enlevé l'un de ces derniers en le remplaçant par un bécarre.

Tonique primitive Tonique nouvelle.

Le *la* ♮ établit le ton de *si bémol majeur*, qui n'a que deux bémols à la clef.

BB. Même exemple, dont les trois bémols sont remplacés par trois bécarres posés sur les notes bémolisées primitivement.

Ut mineur. *Ut* majeur.

Le premier ton étant celui d'*ut mineur* (relatif mineur principal du ton de *mi* ♭), au moyen de trois bécarres on a établi celui d'*ut majeur*

Quant on veut rétablir *simple diésée* ou *simple bémolisée* une note *double-diésée* ou *double-bémolisée*, on précède cette note d'un bécarre suivi d'un dièse simple ou d'un bémol simple, suivant le cas.

Le double-dièse rétabli simple dièse.

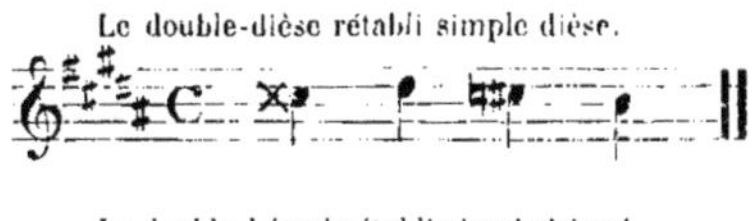

Le double-bémol rétabli simple bémol.

CHAPITRE TROISIÈME.

§ 1. — DES FIGURES DE SILENCE.

Exercices vocaux.

On donne le nom de *figures de silences* à certains signes qui remplissent depuis l'unité d'une mesure quelconque jusqu'à celle de ses plus petites subdivisions.

Le chanteur ou l'exécutant s'abstient de chanter ou de jouer pendant la valeur de durée particulière à chaque figure de silence.

C'est dire assez que, comme les *figures de notes*, celles de silences sont au nombre de sept.

En voici la nomenclature, avec celle des figures de notes mises en regard.

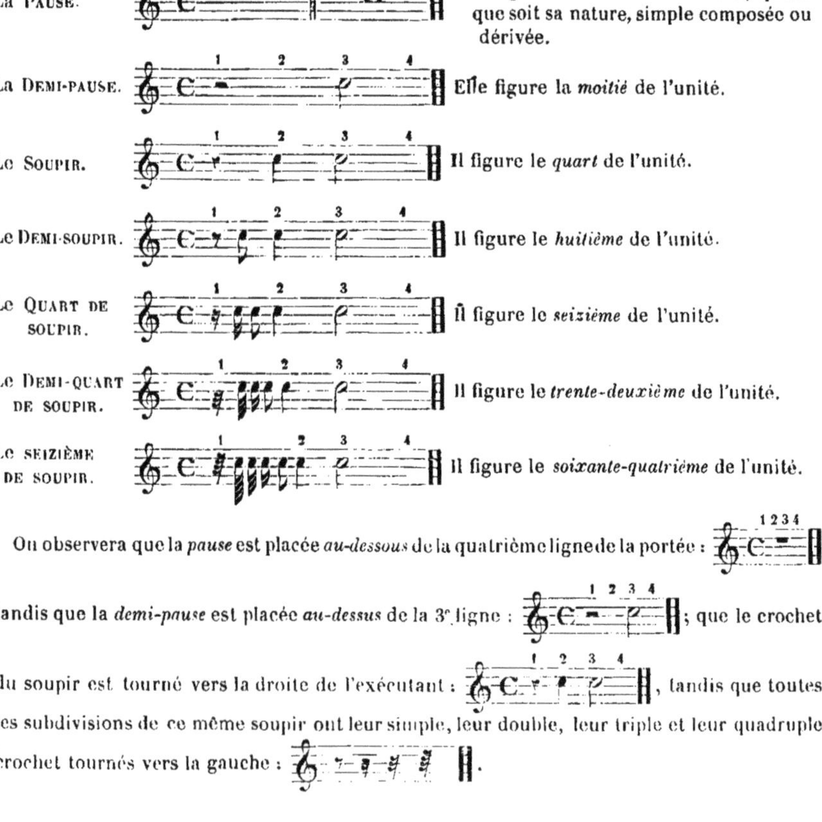

On observera que la *pause* est placée *au-dessous* de la quatrième ligne de la portée : 1234 tandis que la *demi-pause* est placée *au-dessus* de la 3ᵉ ligne : 1 2 3 4 ; que le crochet du soupir est tourné vers la droite de l'exécutant : 1 2 3 4, tandis que toutes les subdivisions de ce même soupir ont leur simple, leur double, leur triple et leur quadruple crochet tournés vers la gauche :

De plus, on surmonte quelquefois le signe de la pause du chiffre 1, afin d'indiquer aux exécutants qu'ils ont *une* pause à compter (*Ex.* 1). D'autres fois aussi, on emploie le bâton de deux pauses surmonté du chiffre 2 (*Ex.* 2), et le bâton de quatre pauses surmonté également du chiffre 4 (*Ex.* 3). Enfin, certains copistes, pour abréger leur besogne, tracent deux grosses barres horizontales sur la portée et les surmontent du chiffre indiquant un certain nombre de pauses à compter. Dans ce cas, ils suppriment quelques pauses et les remplacent par les dernières mesures de la partie vocale ou instrumentale principale; ce qui sous le nom significatif de *rentrée*, aide l'exécutant qui a compté beaucoup de pauses à reprendre sa partie au moment juste où elle doit être entendue (*Ex.* 4).

EXERCICES VOCAUX SUR LES TROIS MESURES SIMPLES,
POUR S'EXERCER A COMPTER LES DIFFÉRENTES FIGURES DE SILENCES LES PLUS USITÉES.

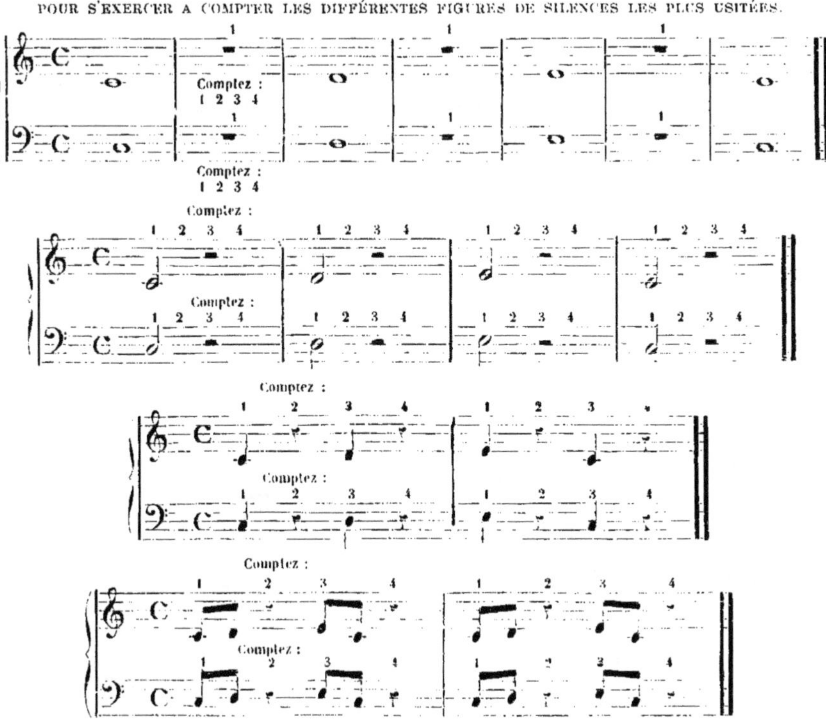

(*) On lie par une barre horizontale deux, quatre, six ou huit croches, et par deux barres horizontales deux, quatre, six, huit ou seize doubles-croches, etc.

Ces exercices se batteront à 2 temps.

MÊMES EXERCICES A TROIS TEMPS.

Le professeur développera au tableau noir ces différents exercices en appliquant l'observation des silences précédents aux autres degrés de la gamme d'*ut majeur*, dont on n'a donné ici pour début que la tonique allant à la tierce.

§ 2. — DU COULÉ, DE LA LIAISON, DU GUIDON, DES SIGNES DE REPRISE ET DE RENVOI, DE LA SYNCOPE, DU POINT D'ORGUE ET DU POINT D'ARRÊT, DU PIQUÉ, DU POINTÉ ET DU DÉTACHÉ

Lorsque le compositeur désire que plusieurs notes soient chantées ou exécutées sans être articulées, il surmonte ces notes d'un signe formant un demi-cercle, appelé *coulé*. (*Ex.* A). — Si le compositeur veut qu'une même note soit tenue sans être répétée pendant plusieurs temps ou même plusieurs mesures consécutives, il la surmonte d'un signe horizontal faisant une demi-courbe appelée liaison (*Ex.* B.)

Dans le plain-chant, on remplace le trait du coulé en rapprochant les notes les unes contre les autres.

Le *guidon* est un petit signe ayant cette forme ʌʌʌ. On le place au bas du recto d'une page de musique, sur la ligne occupée par la note qui commence la première mesure de l'autre page. Son emploi (bien tombé depuis quelques années) a pour but d'indiquer par avance, la note qui va suivre. Si cette note est altérée par l'un des trois signes accidentels, on précède le guidon du signe nécessaire.

Le *guidon* est remplacé aujourd'hui par les mots italiens *volti subito* (traduction : *tournez vite*), qui se placent au bas de la page recto d'un morceau de musique, ou pour leur abréviation : *V.S.*

On se sert également du *guidon* dans le plain-chant; il s'y figure par une petite noire ou semi-brève, et il se place à la fin de chaque portée, tandis qu'en musique on n'en fait usage qu'au bas du recto des pages.

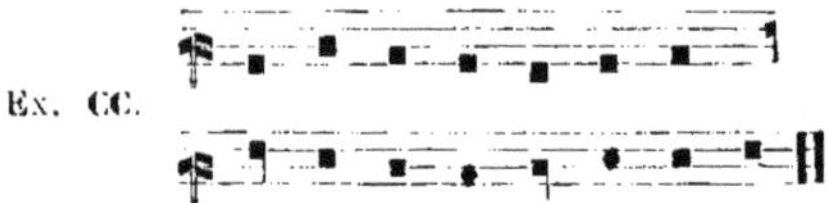

Lorsqu'on désire qu'un passage soit dit deux fois, on précède la mesure *initiale* (ou première) et on fait suivre la mesure finale de deux grosses barres verticales ayant deux points de chaque côté; et, si la seconde fois que le passage est répété il est nécessaire de faire subir un changement à quelques-unes des notes qui le terminent, on écrit les mots italiens 1ma *volta* (*prima volta*, première fois) et 2da (*secunda volta*, seconde fois).

Après la répétition de la première reprise, on saute la mesure de la 1ma *volta* pour aller à celle de la 2da *volta*.

Le signe de renvoi 𝄋 se place à la fin d'un morceau et au début de ce même morceau, sur la mesure où l'on doit revenir. Si c'est tout le morceau qui doit être recommencé, on écrit *Da capo* (*D. C.* en abrégé) à la fin. Mais si l'on doit le recommencer à telle mesure plutôt qu'à celle du début, on ajoute aux mots *da capo* ceux de *al segno* 𝄋 (au signe 𝄋), et l'on surmonte du mot *Fin* la mesure qui doit terminer le morceau.

On a mis le signe de reprise 𝄋 à la 5e mesure du début, afin de ne pas reprendre les quatre premières mesures, ce qui eût été inutile.

On donne le nom de *syncope* au déplacement passager ou permanent des temps forts ou faibles (*), ce qui semble couper les notes en deux.

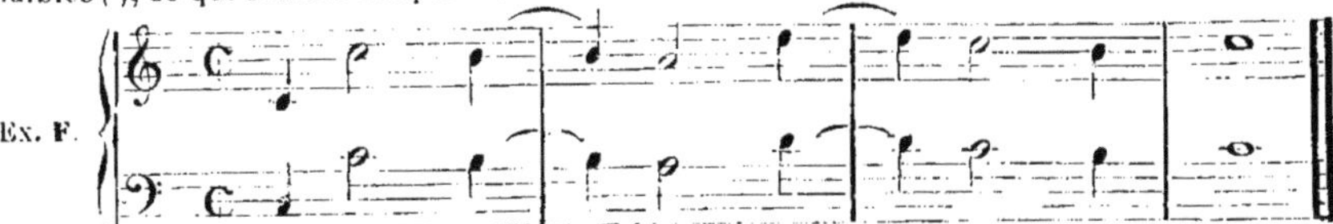

La blanche syncope des noires, la noire des croches, la croche des doubles-croches, etc.

Le plain-chant n'emploie ni signe de renvoi, ni syncope, etc.; mais les premières notes et les premiers mots de l'antienne qui doit être reprise sont gravés ou imprimés là où cela est jugé nécessaire.

Le *point d'orgue* est un petit demi-cercle ayant un point placé dans son centre; lorsqu'on le place sur une note, il indique que l'on doit la tenir assez longtemps. Si l'on place le même signe sur une *figure de silence*, il représente alors le *point d'arrêt*. C'est le bon goût du chef qui règle la durée de temps qui doit être consacrée à ces deux espèces de points.

Ex. G. — point d'orgue — point d'arrêt

On donne aussi le nom de *point d'orgue* à certains traits que les grands chanteurs ajoutent aux dernières mesures d'un morceau, et qui ne sont faits ordinairement qu'après la tenue plus ou moins longue d'une note surmontée du point d'orgue lui-même, ou après un silence surmonté du point d'arrêt.

Ex. GG.

On indique le *piqué* en mettant au-dessus des notes de petites virgules droites (*Ex.* H). — Le *pointé* s'obtient en y mettant de petits points (*Ex.* I); et enfin le *détaché*, qui s'indique soit par le mot italien *staccato* (abréviation *stacc.*) ou par son nom français lui-même, produit à peu près l'effet du piqué ou du pointé; seulement, tout en coulant les notes d'un passage, il semble les isoler l'une de l'autre. Le *staccato* est surtout un des effets favoris du violon, de l'alto et du violoncelle (*Ex.* J.)

Notes piquées.

(*) Le premier temps de toute espèce de mesure est le frappé ou *fort*; le second temps est *faible*. A quatre temps, il y a deux temps forts et deux temps faibles. A deux temps, le premier temps est fort et le second est faible. A trois temps, le premier temps est fort, le second est faible et le troisième encore plus faible.

Mesure a 4 temps. Mesure a 2 temps. Mesure a 3 temps.

Cependant, lorsque le mouvement est lent, le troisième temps de la mesure à trois temps peut être fort comme le premier.

Observez que le *détaché* peut se faire *staccato*, c'est-à-dire en liant un groupe de notes que l'on pique, et qu'il peut aussi se faire tout à fait détaché, c'est-à-dire en isolant chaque son.

Le plain-chant n'emploie pas ces différents signes qui affectent la manière de chanter ou d'exécuter les sons musicaux.

CHAPITRE QUATRIÈME.

§ 1. — DU TRIOLET ET DU SEXTOLET.

Souvent on emploie trois noires pour deux, trois croches pour deux, trois doubles-croches pour deux. — Ce petit groupe de *trois* notes s'appelle un *triolet;* on l'indique par le chiffre 3 que l'on place sur le groupe lui-même. Quoiqu'il y ait trois notes au lieu de deux, on ne doit pas mettre plus de temps à exécuter le groupe de trois notes qu'on n'en mettrait à exécuter le groupe normal de deux notes. C'est ce qui donne au triolet, ainsi qu'au *sextolet*, dont on va parler plus loin, un caractère allègre et sautillant.

Triolets de noires.

La mesure à quatre temps n'admet pas de triolets en noires, mais elle en admet en croches et en doubles croches.

Triolets de croches.

Le triolet peut être employé également dans les autres mesures composées et dérivées. Lorsque le groupe est de six notes au lieu de trois, il prend le nom de *sextolet*, et s'indique en surmontant le groupe du chiffre 6.

§ 2. — EXERCICES SUR L'EMPLOI DU POINT, SIMPLE ET DOUBLE (*), DANS LES TROIS MESURES TYPES ET LEURS DÉRIVÉES.

(*) On peut doubler le simple point ; dans ce cas, le second point n'a que la demi-valeur du premier.

(**) Afin d'éviter l'emploi d'une liaison joignant deux fois la même note, on la remplace par un point posé sur la note dont il tient la place.

Le professeur variera ces exemples au tableau. Il les fera plutôt *parler* en mesure que *chanter*.

---

§ 3.— DU RHYTHME.— EXERCICES RHYTHMIQUES EN MAJEUR SUR LES INTERVALLES.

Le *rhythme* est la division successive et uniforme des temps de la mesure en valeurs égales ou inégales, suivant la volonté ou l'inspiration du compositeur. C'est une des puissances les plus réelles de l'art musical moderne. Par le rhythme frappé d'un air populaire on peut le reconnaître, quoiqu'il ne soit ni chanté par une voix ni joué par un instrument.

Voici les rhythmes de trois airs très-connus Le professeur les frappera sur le tableau noir, et les élèves devront lui indiquer les noms de chacun de ces trois airs.

PREMIER AIR (*).

A quatre temps.

DEUXIÈME AIR (**).

A deux temps.

TROISIÈME AIR (***).

A trois temps.

(*) *Vive Henri IV.*

(**) *Au clair de la lune.*

(***) *Depuis longtemps je me suis aperçu*
De l'agrément qu'on a d'être bossu, etc.

Voici une série d'exercices que les élèves devront étudier avec d'autant plus de soin, que par la progression établie de l'un à l'autre, ils les mettront à même en peu de temps, d'attaquer avec justesse les intervalles les plus usités dans la composition des chœurs et de toute autre espèce de musique vocale.

MOUVEMENT ASCENDANT DE TIERCE.

MOUVEMENT DESCENDANT DE TIERCE

Le professeur fera chanter ces deux exercices à 2 temps.

MOUVEMENT ASCENDANT DE TIERCE.

MOUVEMENT DESCENDANT DE TIERCE.

MOUVEMENT ASCENDANT DE TIERCE, LA LONGUE SUR LE 1er TEMPS.
MOUVEMENT DESCENDANT DE TIERCE.
MOUVEMENT ASCENDANT DE QUARTE allant à la quinte et retournant au point de départ.
MOUVEMENT DESCENDANT DE QUARTE.
MOUVEMENT DESCENDANT DE TIERCE, LA LONGUE SUR LE 3e TEMPS.

MOUVEMENT DESCENDANT DE TIERCE.

MOUVEMENT ASCENDANT DE SIXTE.

MOUVEMENT DESCENDANT DE SIXTE.

MOUVEMENT ASCENDANT DE SEPTIÈME.

MOUVEMENT DESCENDANT DE SEPTIÈME.

MOUVEMENT ASCENDANT D'OCTAVE AVEC TIERCE, ET DE QUINTE ALLANT A LA SIXTE A LA BASSE.

MOUVEMENT DESCENDANT D'OCTAVE.

§ 4. — EXERCICES EN MINEUR.

Le professeur transposera au tableau noir, ces exercices en *ré* majeur et en *ré* mineur.

§ 5. — SECONDE SÉRIE D'EXERCICES.

Exercices à l'unisson et à l'octave pour parvenir à chanter promptement les figures de notes les plus usitées, ainsi que pour apprendre à compter les valeurs de silences correspondantes

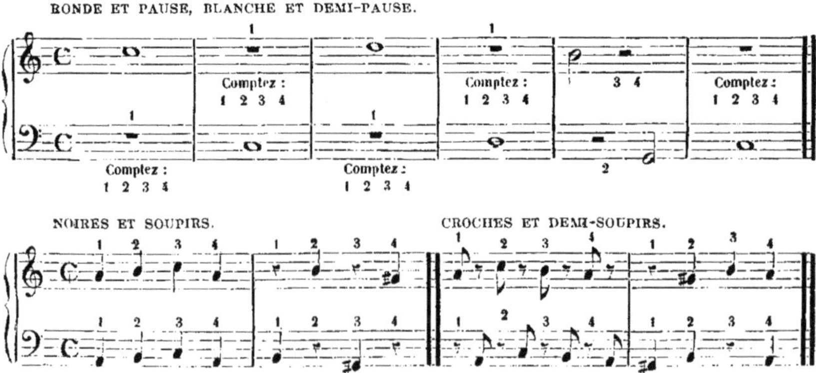

TROIS NOIRES ET UN SOUPIR.
TROIS CROCHES ET UN DEMI SOUPIR.
QUATRE CROCHES ET DEUX NOIRES.
DEUX NOIRES ET QUATRE CROCHES.
UNE CROCHE ET DEUX DOUBLES-CROCHES.
QUATRE DOUBLES-CROCHES ET UNE NOIRE, ET UNE NOIRE ET QUATRE DOUBLES-CROCHES.
RÉSUMÉ DES SIX EXERCICES PRÉCÉDENTS.

CONTRE-TEMPS EN BLANCHES.

CONTRE-TEMPS EN NOIRES.

CONTRE-TEMPS EN CROCHES.

§ 6. — EMPLOI ACCIDENTEL ET SUCCESSIF DU DIÈSE, DU BÉMOL ET DU BÉCARRE.

RÉSUMÉ DE L'EMPLOI SUCCESSIF DES DIÈSE, BÉMOL ET BÉCARRE.

§ 7. — EXERCICES SUR LES MESURES COMPOSÉES ET DÉRIVÉES.

Mesure à $\frac{12}{8}$, composée de la mesure à 4 temps.

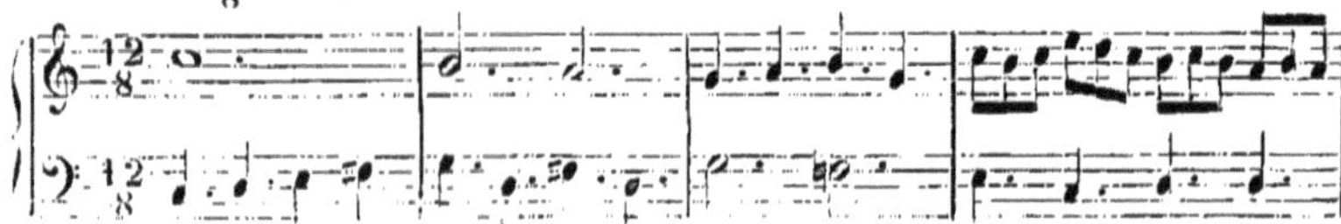

MESURE A $\frac{9}{8}$ COMPOSÉE DE LA MESURE A $\frac{3}{4}$.

MESURE A $\frac{6}{8}$ COMPOSEE DE LA MESURE A DEUX TEMPS.

MESURE A $\frac{2}{4}$ COMPOSÉE DE CELLE A DEUX TEMPS.

MESURE A $\frac{3}{8}$ DÉRIVÉE DE LA MESURE A $\frac{3}{4}$.

§ 8 — DES MOUVEMENTS OU DEGRÉS DE LENTEUR ET DE VITESSE.

TERMES ET SIGNES D'EXPRESSION.

Afin d'obtenir le plus d'unité possible dans les mouvements et dans l'expression pratique de la musique, les musiciens sont convenus tacitement, d'employer les termes indicateurs de la langue italienne.

Ces indications, traduites dans toutes les langues, sont comprises très facilement et contribuent à la bonne exécution des œuvres musicales écrites dans toutes les contrées.

Voici la liste de ces mouvements, écrits en italien, avec leurs abréviations, leurs noms en entier et leur traduction en français.

A. — MOUVEMENTS LENTS.

Largo.	Large.
Larghetto.	Moins large.
Lento.	Lent.
Grave.	Gravement.
Adagio.	Lent et solennel.
Un poco lento.	Un peu lent.
Cantabile.	En chantant avec ampleur.

ABRÉVIATIONS.	NOMS EN ENTIER.	TRADUCTION.
Andno.	*Andantino.*	En allant sans se presser.
Andte.	*Andante.*	Un peu plus vite que le précédent.
Modto.	*Moderato.*	Modérément.

Souvent deux termes italiens sont réunis ensemble. La première indication est, dans ce cas, celle du mouvement général que l'on doit donner au morceau, et la seconde est celle du caractère particulier de la composition toute entière

B. — MOUVEMENTS VIFS.

All°.	*Allegro.*	Vif, animé, gai.
All^tto.	*Allegretto.*	Moins vif que le précédent.
Presto.	—	Pressé, vite.
Prestissimo.	—	Très-pressé, très-vite.
Presto assai ou *scherzando*		Extrêmement pressé.

C. — TERMES ACCIDENTELS, C'EST-A-DIRE S'ÉCRIVANT DANS LE COURANT D'UN MORCEAU.

Allegramente.	—	En se réjouissant.
Spiritoso.	—	Avec esprit, malice, légèreté.
Con gusto	—	Avec goût.
Con grazia.	—	Avec grâce.
Con fuoco.	—	Avec feu.
Con dolore.	—	Avec douleur.
Con eleganza.	—	Avec élégance.
Con gioia.	—	Avec joie.
Marcato.	—	Marqué.
Stacc.	*Staccato*	Détaché.
Rall.	*Rallentendo.*	En rallentissant.
Ritard.	*Ritardendo.*	En retardant.
Doloroso.	—	Douloureux.
Più mosso.	—	Plus mouvementé.
Menò mosso	—	Moins mouvementé.

D. — TERMES SPÉCIAUX POUR CERTAINS ARTISTES, ET MIS ICI POUR NE PAS FAIRE D'OMISSIONS.

Pizz.	*Pizzicato.*	En pinçant la corde.
Col arco.	—	En jouant avec l'archet.
	(Cette seconde indication suit naturellement la première.)	
Battante.	—	En battant avec l'archet sur les cordes.
Sul ponticello.	—	En jouant tout près du chevalet.

E. — TERMES FACULTATIFS COMMUNS AUX CHANTEURS ET AUX INSTRUMENTISTES.

Ad lib.	*Ad libitum.*	A volonté.
A piacere.	—	Suivant son bon plaisir.
A tempo.	—	En reprenant le motif dans le mouvement normal
1° *Tempo.*	*Primo tempo.*	Premier grand mouvement repris.

Les termes ou signes d'expression sont de plusieurs sortes : les uns s'emploient pour donner plus de douceur à une ou plusieurs notes ; les autres pour les faire attaquer avec plus de vigueur. Mais le but de leur emploi à tous, est de varier en la nuançant la sonorité vocale et instrumentale.

F. — TERMES ET SIGNES DE DIMINUTION SONORE.

P.	*Piano.*	Doux.
PP.	*Pianissimo.*	Très-doux.
Dol.	*Dolce.*	Doux, avec plus de douceur que lorsqu'il n'y a que *P* ou *PP.*
Dim.	*Diminuendo.*	En diminuant.
Smorz.	*Smorzando.*	En éteignant le son.
Decresc.	*Decrescendo*	En faisant décroître le son.

On figure aussi cette indication par ce signe ⸻ que l'on prolonge sur le papier réglé tant que les notes affectées par lui s'y prolongent elles-mêmes.

6. — TERMES ET SIGNES D'ACCENTUATION.

MF.	*Mezzo forte.*	Demi fort.
F.	*Forte.*	Fort.
FF.	*Fortissimo.*	Très-fort.
Rinf.	*Rinforzando.* . . .	En renforçant les sons.
Sfz.	*Sforzando.* . . .	En forçant les sons.
Tutta forza. . . .	—	Avec toute la force dont on est capable.
Piena voce ou *tutta voce*		Avec toute la voix.
Cresc.	*Crescendo.* . . .	En augmentant le son

On représente également par ce signe ⟨ qui se prolonge tant que dure le passage que l'on veut en affecter.

En les réunissant les deux signes *cresc. et decresc.* ⟨⟩ on obtient un effet très-sensible parceque, par leur réunion, le son tenu sa'ugmente et se diminue progressivement.

Les mots : *poco à poco*, — peu à peu, s'emploient souvent avec ou sans les signes, mais toujours précédés des observations *cresc.* ou *decresc.*

Afin d'exercer à la pratique des nuances de toutes sortes, aux différents mouvements lents et vifs, le professeur fera chanter à ses élèves de simples gammes écrites et accentuées par lui sur le tableau noir; ensuite, il ajoutera aux exercices de la pratique chorale les différentes nuances et mouvements, ce qui habituera facilement les élèves à leur ponctuelle observation.

---

§ 9. — DU MÉTRONOME DE MAELZEL.

Avant l'invention du métronome du mécanicien Maelzel, on avait fait bien des tentatives infructueuses pour obtenir une uniformité méthodique et surtout identique, quant au mouvement particulier de chaque espèce de compositions musicales livrées au public par la voie de la gravure et de l'impression. Grâce au célèbre ingénieur viennois, l'unité de mouvement est observée, sous les latitudes les plus opposées.

Disons, pour ceux de nos lecteurs qui n'ont jamais eu l'occasion de voir un *métronome* que ce petit instrument est en bois d'une forme pyramidale, à quatre faces, haut de vingt centimètres, ayant dans son intérieur un mouvement d'horlogerie qui fait mouvoir un balancier dont les battements sont fortement perceptibles à l'oreille. On peut, au moyen d'un contre-poids mobile adapté à la tige de ce balancier, ralentir ou précipiter le mouvement à volonté : ralentir en remontant le contre-poids jusqu'à n'obtenir que 50 vibrations à la minute; et, lorsqu'on le redescend, précipiter ces vibrations et porter leur nombre jusqu'à 160 dans le même espace de temps. Cette échelle, augmentée depuis par M. Wagner neveu (à qui Maelzel en a confié l'exécution à Paris), porte depuis le chiffre 40 jusqu'à 208. Sur la surface du petit instrument pyramidal devant lequel se meut le balancier, se prolonge de haut en bas, une double échelle donnant trente neuf indications numériques, qui permettent chacune de changer le mouvement des temps d'une mesure selon une division différente de la minute, ces degrés ont été trouvés suffisants pour toute espèce d'indication possible.

Ainsi, losqu'un compositeur a marqué au commencement d'un morceau de musique,

Métron. ♩ = 60.

c'est dire à l'exécutant qu'en mettant le contre-poids sur le chiffre 60, il aura ce nombre de battements par minute (conséquemment, un battement par seconde), et que chaque battement indiquera la durée d'une *noire* ou d'un temps (c'est-à-dire une noire par seconde).

Le battement représente *un* temps de la mesure, et comme les temps peuvent se former par les cinq premières espèces de figures de notes (rondes, blanches, noires, croches et doubles-croches), ce battement peut également, selon la division de la mesure être indiqué par l'une ou l'autre des cinq notes, et même dans les temps ternaires (appartenant aux mesures composées) par des notes pointées, ainsi on trouve alternativement 𝅗𝅥 = 60 = ♪ 60 ♩. = 60, etc., sans que pour cela il soit besoin de plus de trente-neuf battements différents.

Le compositeur donne encore parfois une indication autre que celle d'un temps, c'est-à-dire celle de la moitié, du huitième de la mesure, ou même de la mesure entière; il peut semblablement indiquer, par un demi-temps, celui donné par un mouvement plus lent encore que le chiffre 40, et augmenter ainsi considérablement le nombre de ces mouvements.

Si l'on veut se faciliter la conception d'une division exactement égale, on a la faculté de subdiviser la mesure en autant de fractions qu'on veut; et de donner un battement à chacune de ses fractions; puis, peu à peu, de diviser par temps, et par demi-mesure à quatre, et enfin de n'indiquer que le commencement de chaque mesure, afin de s'habituer à se passer de métronome dans la suite du morceau.

Voici pour le métronome ordinaire, dont le prix d'achat varie de 10 à 15 francs. Maintenant il en existe un autre (appelé le *grand métronome* et dû à M. Wagner), qui, au moyen d'un nouveau mécanisme également simple et s'adaptant au premier, marque par un son de cloche chaque temps *fort*, qu'il soit à deux, à trois ou à quatre temps, ou même à six-huit; indication précise pour l'élève, puisque non-seulement il en obtient la juste division de la mesure, mais encore la séparation d'une mesure avec une autre.

Afin que sans métronome on puisse conserver néanmoins une idée approximative du mouvement que l'auteur a voulu donner à sa composition, on continue à faire précéder l'indication métronomique du terme italien, et l'on écrit par exemple :

Moderato. Métr. ♩= 60.

Lorsque le lecteur trouvera une semblable indication, il pourra en l'absence du métronome par la comparaison à la minute et à la seconde de la fraction qn'il représente, se former, avec moins de certitude à la vérité, une idée du mouvement demandé; puisque les battements des pendules indiquent également une fraction de la minute (Soit la seconde ou une autre.)

Ajoutons à cet article sur le métronome, que nous avons extrait de nos *Études élémentaires de la musique* (*), que pour trouver approximativement le mouvement voulu par l'auteur il faut chanter ou exécuter les mesures du morceau qui réunissent le plus de notes et c'est leur exécution facile et naturelle qui guide le plus souvent en pareil cas.

(*) Publié à Paris en 1838, cet ouvrage contient une méthode de solfége, de chant et d'harmonie. Il a été contrefait en Angleterre en 1842; et uue traduction en langue française en a été publiée à Paris, sous le titre d'*Academie de musique*.

FIN DE LA PREMIÈRE PARTIE.

SECONDE PARTIE.

PRATIQUE CHORALE.

§ 1. — AUX ÉLÈVES.

« Nous sommes tous un peu comme les enfants, disait un philosophe allemand, lorsque nous « commençons à étudier une langue nouvelle, ou les principes d'un art qui nous sont inconnus; « c'est donc par la pratique de cette langue ou de cet art qu'il faut commencer ». Poussant jusqu'au bout les conséquences de sa proposition, notre penseur ajoute : « Quand un enfant « commence à se tenir sur ses pieds, sa nourrice ne lui fait pas un cours sur les principes du « *centre de gravité*, elle le place entre deux chaises et l'abandonne à lui-même, tout en veillant « pourtant sur lui. » — Il en a été de même jusqu'ici pour la plupart des orphéonistes; leurs directeurs les ont placés entre des camarades ayant un peu d'oreille, beaucoup de mémoire et quelques connaissances musicales superficielles, et les chœurs, à force d'être répétés, ont marché tant bien que mal. Sans vouloir faire absolument comme la nourrice du libre penseur d'Outre-Rhin, nous l'avons un peu imitée dans les premiers chapitres de cet ouvrage : car nous sommes convaincu par expérience, que les élèves chanteurs doivent savoir d'oreille vocaliser les sons musicaux les plus usuels avant d'apprendre à les lire et à les écrire. Le *chanter* ainsi que le *parler*, c'est le connu : la *notation* et la *lecture*, c'est la théorie mise en pratique. Maintenant que les principaux jalons de cette théorie ont été posés, nous allons initier les élèves à la pratique de l'art choral; mais afin d'ôter aux exercices ce que l'appellation des notes a de bizarre et de froid, nous continuerons à mettre sous la musique de ces exercices des vers qui, par leur style familier, graveront dans la mémoire des élèves plusieurs notions importantes qu'il eût été inutile de donner sous la forme ordinaire d'une démonstration en prose.

§ 2. — CHANT CHORAL A DEUX PARTIES.

Première série d'exercices, ou petits Duos pour Soprano et Basse, ou Ténor et Basse.

MESURE A QUATRE TEMPS.

TON DE LA MINEUR.

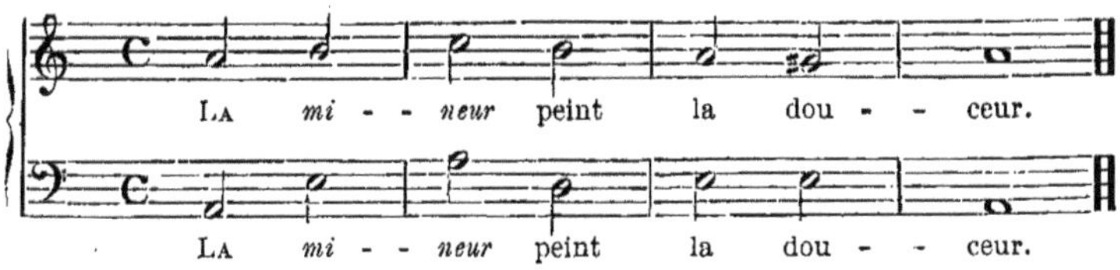

LA mi - - neur peint la dou - - ceur.
LA mi - - neur peint la dou - - ceur.

1er Ton ayant un dièse.

TON DE SOL MAJEUR.

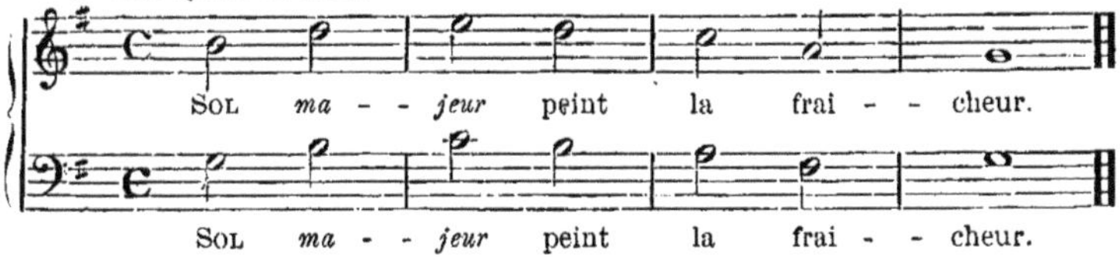

SOL ma - - jeur peint la frai - - cheur.
SOL ma - - jeur peint la frai - - cheur.

Relatif principal de *sol majeur*.

TON DE MI MINEUR.

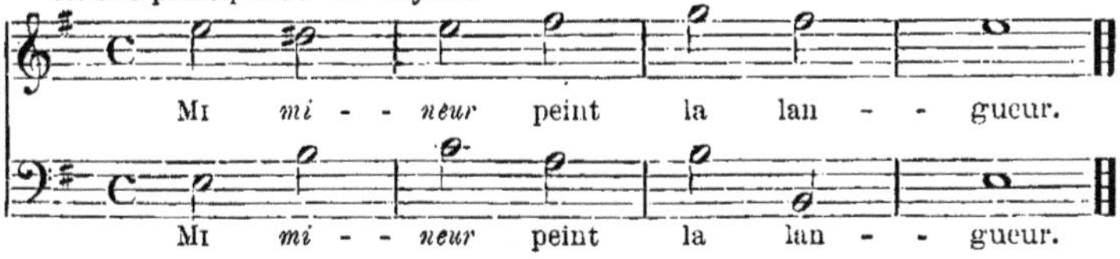

MI mi - - neur peint la lan - - gueur.
MI mi - - neur peint la lan - - gueur.

1er Ton ayant un bémol à la clef.

TON DE FA MAJEUR.

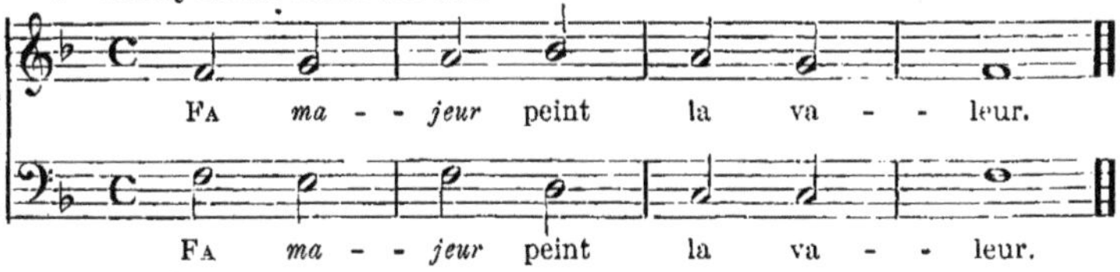

FA ma - - jeur peint la va - - leur.
FA ma - - jeur peint la va - - leur.

Relatif principal de FA majeur.

TON DE RÉ MINEUR.

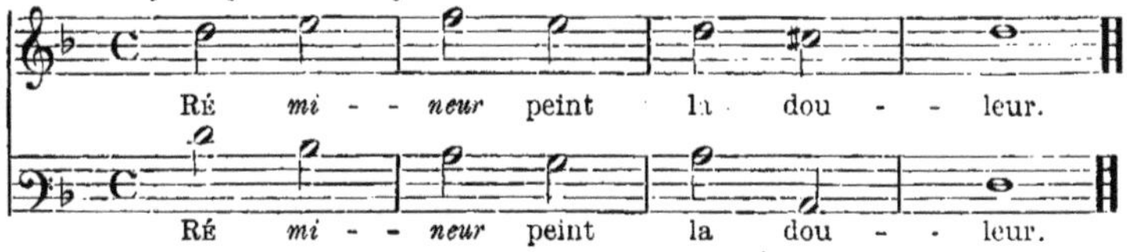

RÉ mi - - neur peint la dou - - leur.
RÉ mi - - neur peint la dou - - leur.

Le professeur fera chanter ces six petits exercices à deux temps.

EXERCICES A TROIS TEMPS.

UT MAJEUR.

La valse à trois temps.
La valse à trois temps.

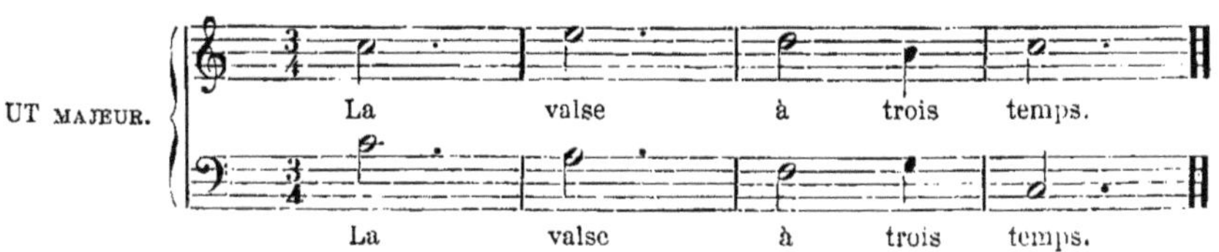

LA MINEUR.

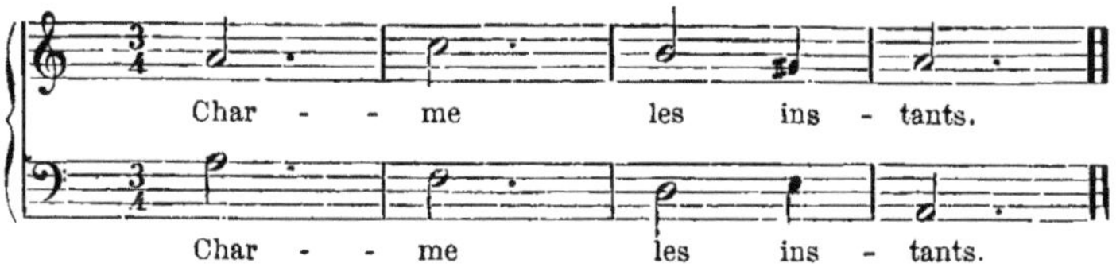

Char - - me les ins - tants.
Char - - me les ins - tants.

SOL MAJEUR.

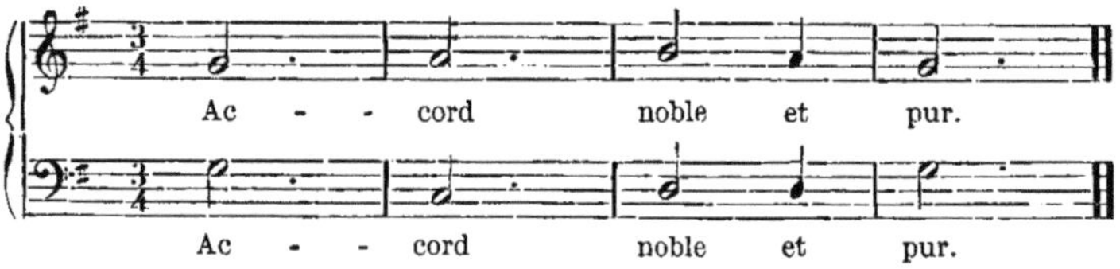

Ac - - cord noble et pur.
Ac - - cord noble et pur.

MI MINEUR.

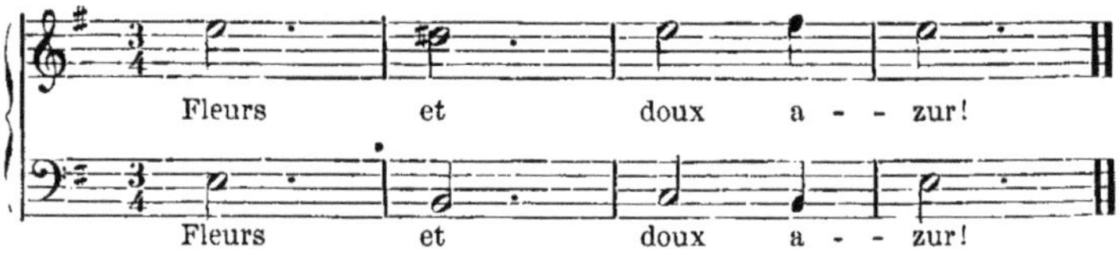

Fleurs et doux a - - zur!
Fleurs et doux a - - zur!

FA MAJEUR.

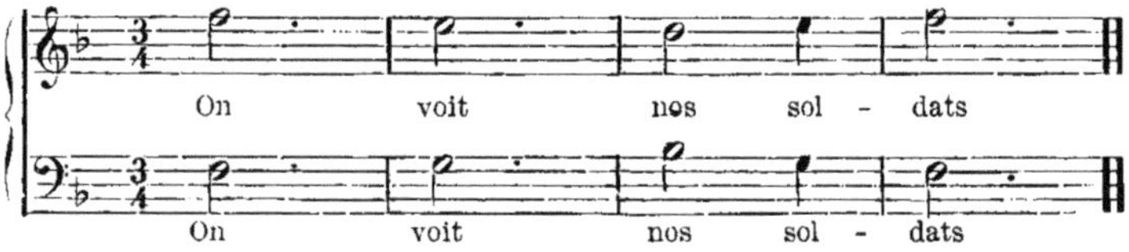

On voit nos sol - dats
On voit nos sol - dats

RÉ MINEUR.

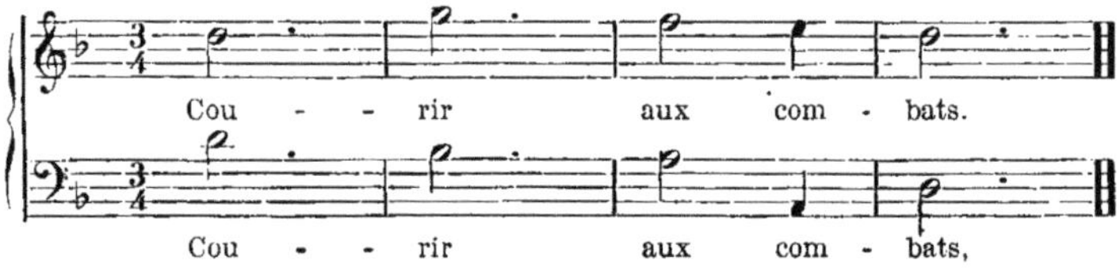

Cou - - rir aux com - bats.
Cou - - rir aux com - bats,

§ 3. — CHANT CHORAL A TROIS PARTIES.

UT MAJEUR.

Al - lons dans les prés, ma bel - le,
Al - lons dans les prés, ma bel - le,
Al - lons dans les prés, ma bel - le,

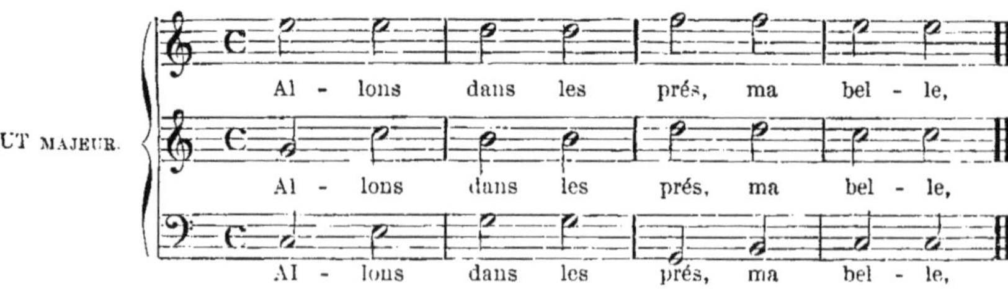

Le professeur fera chanter à deux temps ces six petits trios.

EXERCICES A TROIS TEMPS.

RÉ MINEUR.

Y vi - - bre en - - - cor.
Y vi - - bre en - - - cor.
Y vi - - bre en - - - cor.

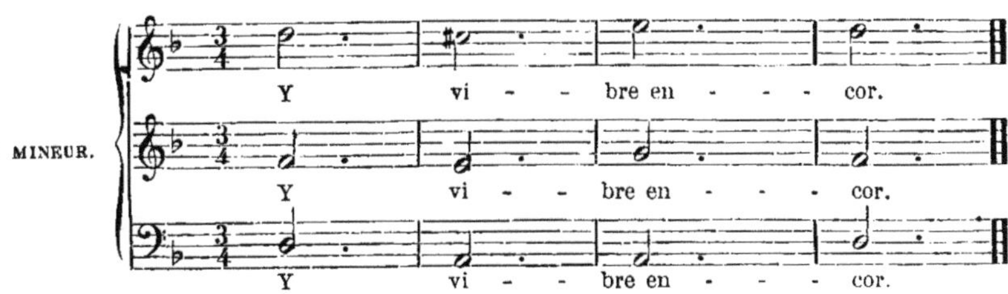

§ 4. — CHANT CHORAL A QUATRE PARTIES.

Ou petits Quatuors pour deux Sopranos ou deux Ténors, Baryton et Basse.

UT MAJEUR.

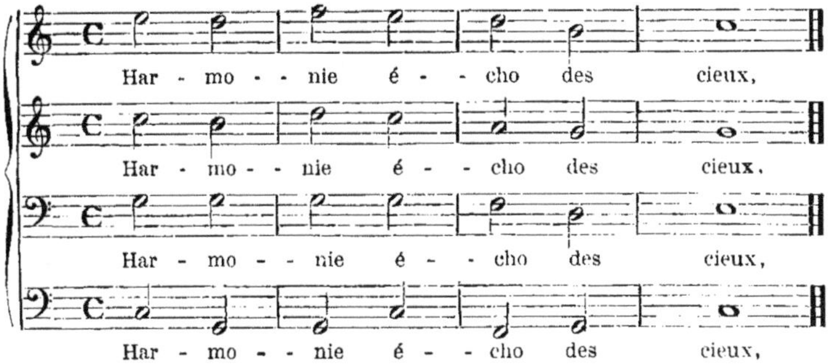
Har - mo - - nie é - - cho des cieux,
Har - mo - - nie é - - cho des cieux.
Har - mo - - nie é - - cho des cieux,
Har - mo - - nie é - - cho des cieux,

LA MINEUR.

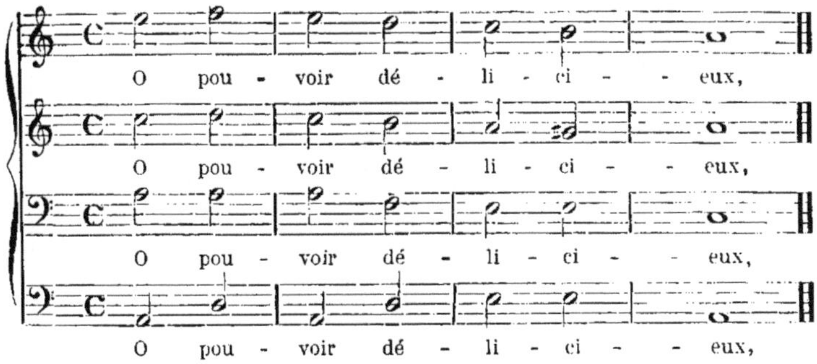
O pou - voir dé - li - ci - - eux,
O pou - voir dé - li - ci - - eux,
O pou - voir dé - li - ci - - eux,
O pou - voir dé - li - ci - - eux,

SOL MAJEUR.

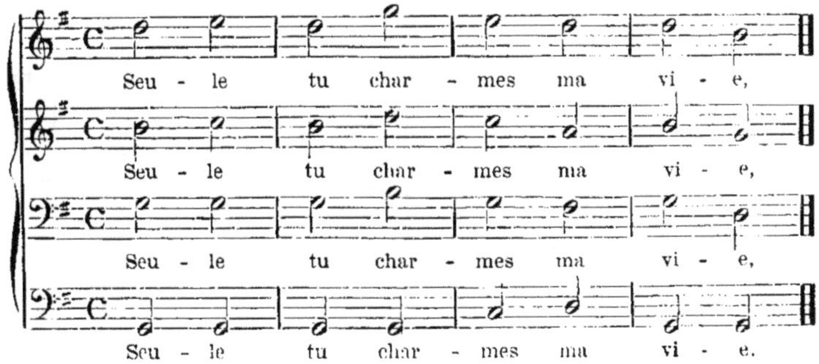
Seu - le tu char - mes ma vi - e,
Seu - le tu char - mes ma vi - e,
Seu - le tu char - mes ma vi - e,
Seu - le tu char - mes ma vi - e.

MI MINEUR.

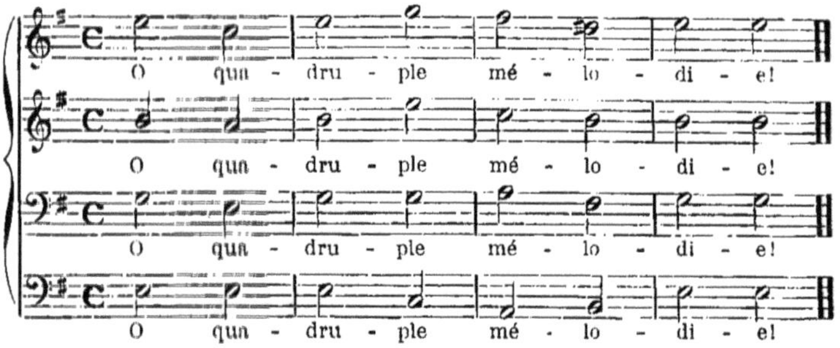
O qua - dru - ple mé - lo - di - e!
O qua - dru - ple mé - lo - di - e!
O qua - dru - ple mé - lo - di - e!
O qua - dru - ple mé - lo - di - e!

FA MAJEUR.

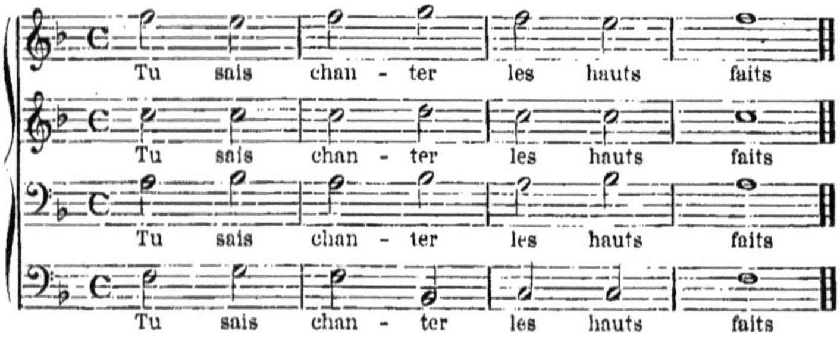
Tu sais chan - ter les hauts faits
Tu sais chan - ter les hauts faits
Tu sais chan - ter les hauts faits
Tu sais chan - ter les hauts faits

RÉ MINEUR.

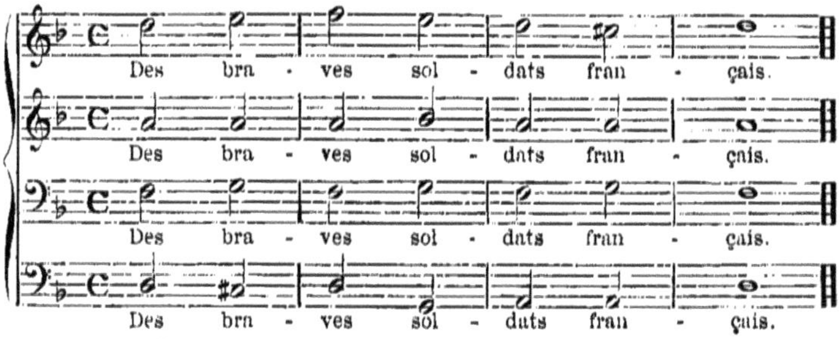
Des bra - ves sol - dats fran - çais.
Des bra - ves sol - dats fran - çais.
Des bra - ves sol - dats fran - çais.
Des bra - ves sol - dats fran - çais.

Le professeur fera chanter à deux temps ces six petits quatuors.

EXERCICES A TROIS TEMPS.

UT MAJEUR.

Joy - eux vi - gne - ron,
Joy - eux vi - gne - ron,
Joy - eux vi - gne - ron,
Joy - eux vi - gne - ron,

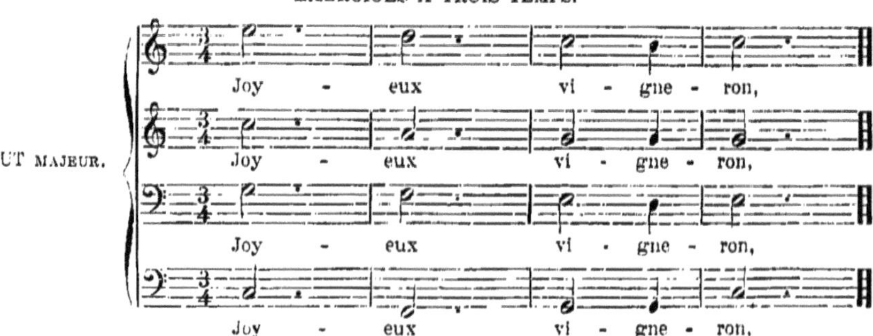

LA MINEUR.
Ton vin est - il bon?
Ton vin est - il bon?
Ton vin est - il bon?
Ton vin est - il bon?
SOL MAJEUR.
C'est un pur nec - tar
C'est un pur nec - tar
C'est un pur nec - tar
C'est un pur nec - tar
MI MINEUR.
Di - gne de Cé - sar.
Di - gne de Cé - sar.
Di - gne de Cé - sar.
Di - gne de Cé - sar.
FA MAJEUR.
Ou rou - ge, ou blanc,
Ou rou - ge, ou blanc,
Ou rou - ge, ou blanc,
Ou rou - ge, ou blanc,

RÉ MINEUR.

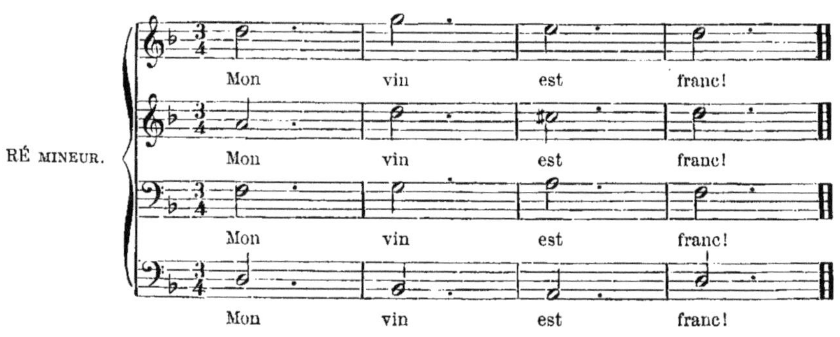

§ 5. — DES TROIS GENRES DIATONIQUE, CHROMATIQUE ET ENHARMONIQUE, ET DES TROIS DEMI-TONS QUI LES FORMENT.

La gamme, formée de cinq tons et de deux demi-tons, est l'expression *du genre diatonique;* et ses deux demi-tons sont *diatoniques.* La position du premier de ces demi-tons varie suivant la nature du mode (voir § 5 de la 1re partie.)

Le *genre chromatique* se produit en haussant ou en baissant une *même note* d'un demi-ton. Les trois signes accidentels concourrent à tour de rôle, à former le *demi-ton chromatique.*

Le *genre enharmonique* consiste à changer le nom d'une note en la transformant au moyen d'un des trois signes accidentels en sa note sinonyme, telle que *mi* ♮ changé en *fa* ♭; *si* ♮ en *ut* ♭ *et vice versa.*

De tous ces trois genres, le diatonique est le seul dont on puisse faire usage d'une manière absolue; mais, pour ne pas circonscrire le champ de la modulation, on emploie les deux genres diatonique et chromatique dans la composition d'un même morceau.

Quant au genre enharmonique, il apparaît à de rares intervalles surtout dans les compositions destinées aux voix.

Exemple des trois demi-tons diatonique, chromatique et enharmonique.

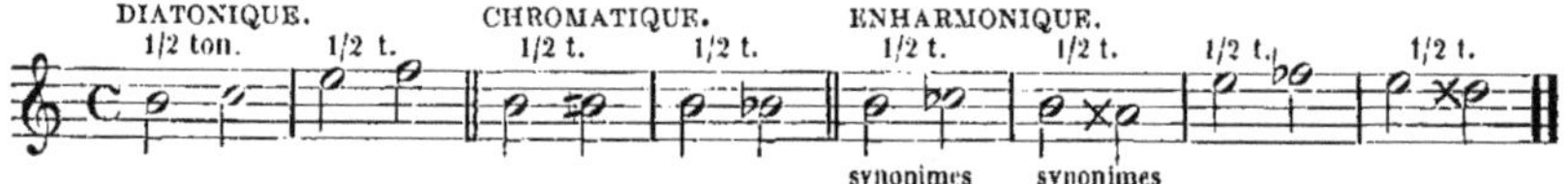

Notes identiques ou synonimes sur le piano et sur l'orgue.

On peut faire la gamme chromatique au moyen des bémols ou au moyen des dièses avec adjonction de bécarres également accidentels.

EXEMPLE D'UNE GAMME CHROMATIQUE ASCENDANTE ET DESCENDANTE, AU MOYEN DES BÉMOLS ET DES BÉCARRES.

EXEMPLE D'UNE GAMME CHROMATIQUE, AU MOYEN DES DIÈSES.

§ 6. — EXERCICES A L'UNISSON, A DEUX, A TROIS ET A QUATRE VOIX.
Sur l'emploi des demi-tons chromatiques.

UNISSON.

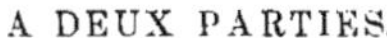

A DEUX PARTIES.

VOCALISES (*).

(*) Vocaliser, signifie chanter les notes en prononçant la voyelle *a* —. Lorsque plusieurs notes sont coulées, on ne dit la lettre *a* qu'une seule fois.

A TROIS PARTIES.

A QUATRE PARTIES.

FIN DE LA SECONDE PARTIE.

TROISIÈME PARTIE.

CHAPITRE UNIQUE.

§ 1. — DU CHANT UNI A LA PAROLE.

Le but de toute étude chorale est de chanter avec facilité, justesse, expression et sentiment les paroles poétiques d'après lesquelles les compositeurs se sont inspirés. Après avoir étudié et mis en pratique les éléments du plain-chant et surtout ceux de la musique, les élèves orphéonistes doivent avoir hâte de passer à l'étude du chant choral ou uni à la parole. Déjà, dans tous les exercices importants qui précèdent, nous avons donné des paroles versifiées à chanter; mais notre but, en agissant ainsi, était, comme nous l'avons fait observer, d'ôter aux premières études vocales une partie de leur froideur, tout en gravant les règles principales de la théorie dans la mémoire des élèves.

Maintenant que les premiers pas sont franchis, nous allons entrer dans de nouveaux détails, qui, nous l'espérons, serons lus avec intérêt par les orphéonistes.

Voici une méthode à suivre pour obtenir des progrès réels dans un bref délai. — Un chœur étant mis à l'étude, le professeur, directeur naturel de l'orphéon de la localité, fera reconnaître le ton du chœur en question par ses élèves; puis il leur fera distinguer en quel mode, majeur ou mineur, le morceau est écrit. Il fera décomposer les temps de la mesure, et indiquera quel est le mouvement général et le caractère particulier du chœur objet de l'analyse. Après ces préliminaires, le professeur fera solfier à chaque espèce de voix la partie qui lui est destinée, en commençant par les basses, suivies des barytons, si une partie spéciale leur est attribuée; dans le cas contraire, ils étudieraient avec les basses la partie qui leur est donnée dans le chœur. Le professeur passera ensuite aux seconds ténors et finira par les premiers. S'il n'y a qu'une partie de ténor, les seconds et les premiers l'étudieront ensemble.

Le genre d'accompagnement vocal à *bocca chiusa* (traduction : *bouche fermée;* abréviation B. C. ou B. F.) étant employé dans les chœurs modernes destinés aux orphéonistes, sera l'objet d'une étude particulière qui n'a rien, du reste, de bien difficile.

Parlons maintenant de la réunion de toutes les parties d'un même chœur, après qu'elles ont été étudiées et apprises séparément On solfiera d'abord toutes les parties du chœur. Lorsque les nuances, les accents et les milles petits riens qui contribuent tant à l'effet désiré, seront bien observés, on passera à l'application des paroles. De même que pour les notes, cette application aura été faite partie par partie avant de les réunir en un seul faisceau. Enfin, la pensée chorale du compositeur jaillira, et le professeur-directeur n'aura plus que quelques corrections de détail à faire pour obtenir une bonne exécution.

Les orphéonistes auront pour chaque espèce de voix ou partie un *chef d'attaque*, espèce de serre-file musical, qui, plus avancé ou mieux doué que ses camarades, contribue efficacement à conserver le mouvement du professeur et la justesse dans les rangs de sa petite phalange particulière.

Les orphéonistes éviteront avec soin de battre la mesure d'une manière ostensible, soit avec la main, soit avec le pied. *Le directeur seul doit battre la mesure*, et les orphéonistes doivent avoir les yeux constamment fixés sur sa baguette.

On articulera les syllabes des mots avec netteté. Le professeur-directeur indiquera par de petites virgules, tracées au crayon sur chaque partie, les endroits où les chanteurs doivent respirer. *Ces virgules de respiration* ne doivent jamais couper les mots en deux, ou être placées avant le régime du verbe (ou le mot essentiel) qui complète le sens grammatical et poétique des vers.

Le professeur apprendra à ceux de ses élèves qui l'ignorent encore, que les vers français sont des deux genres: masculins et féminins à leur rime finale. La rime féminine semble ajouter une syllabe au vers qu'elle termine, tandis que la rime masculine coupe net le mot final.

VERS FÉMININS : L'ombre du soir nous environ*ne*
On ne rencontre plus person*ne*.
(*La Retraite*, de Laurent de Rillé.)

VERS MASCULINS : Ils s'en vont jeter leurs filets
Dans la belle anse aux blonds galets.
(*La Pêche*, de Marie Ravenel.)

Les rimes précédentes sont des rimes *plates*, parce qu'elles sont deux fois féminines et deux fois masculines. Lorsqu'on mêle les unes avec les autres de deux en deux vers, elles prennent le nom de rimes *mêlées*.

Aussitôt que la lumière
A redoré nos côteaux,
Je commence ma carrière
Par visiter mes tonneaux.
(Maître Adam.)

Lorsqu'un mot est terminé par une voyelle, et suivi d'un autre mot commençant par une voyelle, il y a *élision,* c'est-à-dire, *suppression fictive* de la dernière syllabe du premier mot. L'élision permet aux chanteurs de respirer furtivement. Dans ce cas, le compositeur place deux syllabes sous une seul note :

Le chanteur peut mettre, s'il le désire, deux noires au dessus du mot *heure*, et chanter comme s'il y avait :

Mais, dans ce cas, la seconde note ajoutée ne doit pas s'articuler, mais être comme liée, ainsi que cela a été fait dans l'exemple qui vient d'être donné.

Le professeur-directeur commentera avec simplicité le texte poétique chanté par ses élèves orphéonistes; il leur expliquera les intentions du poète et du compositeur, leur fera remarquer l'union intime qu'il y a entre le mot *essentiel* du vers et les *bonnes* notes de la phrase musicale qui l'exprime en lui donnant une force toute nouvelle.

Afin de ne pas distraire les élèves de l'étude musicale, si importante pour eux, nous avons donné, comme appendice à nos éléments de plain-chant, un petit vocabulaire de tout ce qui se rapporte à la liturgie et aux différentes fonctions des chefs de chœur. Cet appendice est terminé par la célèbre messe de Dumont, en plain-chant, avec sa traduction musicale en regard.

Mais voici, pour les orphéonistes proprement dits, une série de chœurs à deux, trois et quatre parties, dont la mélodie principale, ainsi que les paroles de choix, sont empruntées aux airs les plus jolis et les plus populaires de la France, Ces arrangements sont suivis de trois autres chœurs originaux, dont les paroles sont dues à la plume d'une modeste meunière.

Ces trois chœurs sont précédés de trois fables de La Fontaine.

RÉCRÉATIONS CHORALES

A DEUX, TROIS ET QUATRE VOIX.

FEMME SENSIBLE

Paroles d'HOFFMANN. Musique de MÉHUL.

Femme sensible, entends-tu le ramage
De ces oiseaux qui célèbrent leurs feux?
Ils font redire à l'écho du rivage :
Le printemps fuit, hâtez-vous d'être heureux.

Vois-tu ces fleurs, ces fleurs qu'un doux zéphyre
Va caressant de son souffle amoureux?
En se fanant, elles semblent te dire :
Le printemps fuit, hâtez-vous d'être heureux.

Moment charmant d'amour et de tendresse;
Comme un éclair vous fuyez à nos yeux,
Et tous les jours perdus dans la tristesse
Nous sont comptés comme des jours heureux.

QUE NE SUIS-JE LA FOUGÈRE

Paroles de RIBOUTTÉ. Musique de J.-B. PERGOLÈSE.

Que ne suis-je la fougère
Où, sur la fin d'un beau jour,
Se repose ma bergère
Sous la garde de l'amour!
Que ne suis-je le zéphyre
Qui rafraichit ses appas,
L'air que sa bouche respire,
La fleur qui naît sous ses pas.

Que ne suis-je l'onde pure
Qui la reçoit dans son sein!
Que ne suis-je la parure
Qui la couvre après le bain!
Que ne suis je cette glace
Où son miroir répété
Offre à nos yeux une grâce
Qui sourit à la beauté.

Que ne puis-je par un songe
Tenir son cœur enchanté!
Que ne puis-je du mensonge
Passer à la vérité!
Les dieux qui m'on donné l'être
M'ont fait trop ambitieux,
Car, enfin, je voudrais être
Tout ce qui plaît à ses yeux.

O FONTENAY QU'EMBELLISSENT LES ROSES

Paroles du prévôt d'IRAY. Musique de J. DOCHE père.

O Fontenay qu'embellissent les roses,
Avec transport, toujours je te revois :
Ici, l'amour de fleurs fraîches écloses
Me couronna pour la première fois.

Dans ma Claudine, attrait, douceur, simplesse,
Tout m'enivrait ; j'étais sûr de mon choix,
Avec quel feu je peignais ma tendresse.
Qu'on aime bien pour la première fois!

Depuis dix ans, ignorant sa retraite,
De vingt beautés j'ai cru suivre les lois...
Toujours on cherche, on desire, on regrette
Ce qu'on aima pour la première fois!

LA VEILLÉE

Paroles de **VILLEMONTEZ**. Musique de **GAVAUX**.

Heureux qui dans sa maisonnette,
Dont la neige a blanchi le toit,
Nargue le chagrin et le froid
Au refrain d'une chansonnette.
Que les soirs d'hiver sont charmants
Lorsqu'une famille assemblée,
Sait, par divers amusements,
Égayer, égayer la veillée!

Assis près de sa bien-aimée,
Voyez le paisible Lapon,
Lorsque la neige à gros flocon
Tombe sur sa hutte enfumée,
Autour du feu, dans son réduit,
La famille entière assemblée
Semble trouver six mois de nuit
Trop courts, trop courts pour la veillée.

J'aime surtout une soirée
Où l'on parle de revenants,
Alors qu'on entend tous les vents
Souffler autour de la contrée.
A ces récits intéressants
Toute la troupe émerveillée,
Tremble, écoute et voudrait longtemps
Prolonger, prolonger la veillée.

C'est au hameau, dans une étable,
Qu'on se rassemble chaque soir,
Les vieilles ont le dévidoir,
Les vieux ont le broc sur la table,
Les jeunes garçons amoureux
Des fillettes de l'assemblée,
Abrègent par des chants, des jeux,
De l'hiver, de l'hiver la veillée.

COMBIEN J'AI DOUCE SOUVENANCE

Paroles de CHATEAUBRIAND.

Air des montagnes d'Auvergne (traditionnel).

Andante Pastoral.

1er TÉNOR. *pp*
Com-bien j'ai dou-ce sou-ve-nan-ce

2e TÉNOR. *pp*
Com-bien j'ai dou-ce sou-ve-nan-ce

1re BASSE. *pp*
Com-bien j'ai dou-ce sou-ve-nan-ce

2e BASSE. *pp*
Com-bien j'ai dou-ce sou-ve-nan-ce

Du jo-li lieu de ma nais-san-ce!

Du jo-li lieu de ma nais-san-ce!

Du jo-li lieu de ma nais-san-ce!

Du jo-li lieu de ma nais-san-ce!

Ma sœur, qu'ils é-taient beaux les jours De Fran-ce!

Ma sœur, qu'ils é-taient beaux les jours De Fran-ce!

Ma sœur, qu'ils é-taient beaux les jours De Fran-ce!

Ma sœur, qu'ils é-taient beaux les jours De Fran-ce!

Combien j'ai douce souvenance
Du joli lieu de ma naissance!
Ma sœur, qu'ils étaient beaux les jours
De France!
O mon pays, sois mes amours
Toujours!

Te souvient-il que notre mère,
Au foyer de notre chaumière,
Nous pressait sur son cœur joyeux,
Ma chère;
Et nous baisions ses blancs cheveux
Tous deux;

Ma sœur, te souvient-il encore
Du château que baignait la Dore?
Et de cette tant vieille tour
Du Maure,
Où l'airain sonnait le retour
Du jour?

Te souvient-il du lac tranquille
Qu'effleurait l'hirondelle agile,
Du vent qui courbait le roseau
Mobile,
Et du soleil couchant sur l'eau,
Si beau?

Te souvient-il de cette amie,
Tendre compagne de ma vie?
Dans les bois en cueillant la fleur
Jolie
Hélène appuyait sur mon cœur
Son cœur.

Oh! qui me rendra mon Hélène
Et ma montagne, et le grand chêne?
Leur souvenir fait tous les jours
Ma peine:
Mon pays sera mes amours
Toujours!

O MA TENDRE MUSETTE

Paroles de LA HARPE. Musique de MONSIGNY.

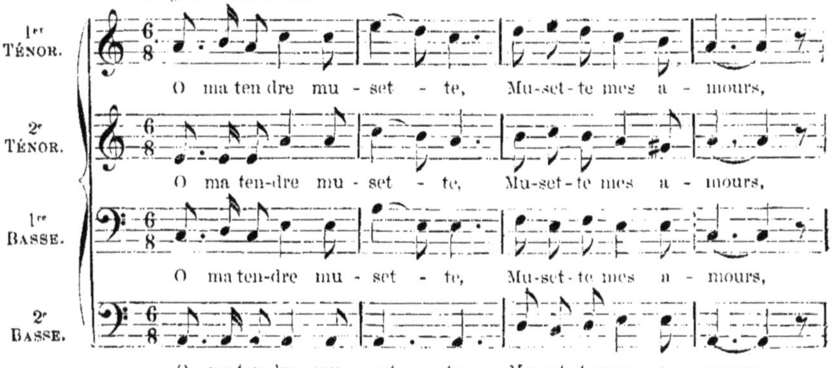

Toi qui chantais Li - set - te, Li - sette et les beaux jours;
Toi qui chantais Li - set - te, Li - sette et les beaux jours;
Toi qui chantais Li - set - te, Li - sette et les beaux jours;
Toi qui chantais Li - set - te, Li - set-te et les beaux jours;
D'u - ne vaine es - pé - ran - ce, Tu m'a-vais trop flat - té :
D'u - ne vaine es - pé - ran - ce, Tu m'a-vais trop flat - té :
D'u - ne vaine es - pé - ran - ce, Tu m'a-vais trop flat - té :
D'u - ne vaine es - pé - ran - ce, Tu m'a-vais trop flat - té :
Chan - te son in - con - stan - ce Et ma fi - dé - li - té.
Chan - te son in - con - stan - ce Et ma fi - dé - li - té.
Chan - te son in - con - stan - ce Et ma fi - dé - li - té.
Chan - te son in - con stan ce Et ma fi - dé - li - té.

O ma tendre musette,
Musette mes amours,
Toi qui chantais Lisette,
Lisette et les beaux jours:
D'une vaine espérance,
Tu m'avais trop flatté ·
Chante son inconstance
Et ma fidélité.

C'est l'amour, c'est sa flamme
Qui brille dans ses yeux :
Je croyais que son âme
Brûlait des mêmes feux :
Lisette à son aurore
Respirait le plaisir :
Hélas ! si jeune encore
Sait-on déjà trahir ?

Sa voix pour me séduire
Avait plus de douceur :
Jusques à son sourire.
Tout en elle est trompeur :
Tout en elle intéresse,
Et je voudrais, hélas !
Qu'elle eût plus de tendresse.
Ou qu'elle eût moins d'appas.

O ma tendre musette,
Console ma douleur :
Parle-moi de Lisette ;
Ce nom fait mon bonheur:
Je la revois plus belle,
Plus belle tous les jours :
Je me plains toujours d'elle,
Et je l'aime toujours.

VIVRE LOIN DE SES AMOURS

Musique de BOIELDIEU.

Dolce.
PP
- freux De ne plus voir ce qu'on ai - - - - me! Vi-vre
- freux De ne plus voir ce qu'on ai - - - - me! Vi-vre
PP
- freux De ne plus voir ce qu'on ai - - - - me! Vi-vre
- freux De ne plus voir ce qu'on ai - - - - me! Vi vre
cresc.
loin de ses a - mours, N'est-ce pas mou-rir tous les jours? Vi-vre
cresc.
loin de ses a - mours, N'est-ce pas mou-rir tous les jours? Vi-vre
cresc.
loin de ses a - mours, N'est-ce pas mou-rir tous les jours? Vi-vre
cresc.
loin de ses a - mours, N'est-ce pas mou-rir tous les jours? Vi-vre
loin de ses a - mours, N'est-ce pas mou-rir tous les jours?
loin de ses a - mours, N'est-ce pas mou-rir tous les jours?
loin de ses a - mours, N'est-ce pas mou-rir tous les jours?
loin de ses a - mours N'est-ce pas mou-rir tous les jours?

S'il est vrai que d'être deux
Fut toujours le bien suprême,
Hélas! c'est un mal affreux
De ne plus voir ce qu'on aime.
Vivre loin de ses amours,
N'est-ce pas mourir tous les jours?

Chaque instant vient attiser
La flamme qui vous dévore,
On se rapelle un baiser
Et mille baisers encore.
Vivre loin de ses amours
N'est-ce pas mourir tous les jours?

La nuit en dormant, hélas!
Victime d'un doux mensonge,
Vous vous sentez dans ses bras:
Le jour vient.... c'était un songe.
Vivre loin de ses amours.
N'est-ce pas mourir tous les jours?

Un tissu de ses cheveux
Est le seul bien qui me reste;
Il devait me rendre heureux:
C'est un trésor bien funeste.
Vivre loin de ses amours,
N'est-ce pas mourir tous les jours?

LES RARETÉS

Paroles de **LAMOTTE-HOUDART.** Musique populaire.

On dit qu'il arrive ici
  Une compagnie
Meilleure que celle-ci
  Et bien mieux choisie :
Va-t en voir s'ils viennent Jean,
  Va-t-en voir s'ils viennent.

Un magistrat curieux
  De jurisprudence,
Et qui devant deux beaux yeux
  Tient bien la balance :
Va-t en voir s'ils viennent Jean,
  Va-t-en voir s'ils viennent

Une femme et son époux,
  Couple bien fidèle;
Elle le préfère à tous,
  Et lui n'aime qu'elle :
Va-t-en voir s'ils viennent Jean,
  Va-t-en voir s'ils viennent.

Un chanoine dégoûté
  Du bon jus d'octobre;
Un auteur sans vanité;
  Un musicien sobre :
Va-t-en voir s'ils viennent Jean,
  Va-t-en voir s'ils viennent.

Un Breton qui ne boit point;
  Un Gascon tout bête;
Un Normand franc de tout point;
  Un Picard sans tête :
Va-t-en voir s'ils viennent Jean,
  Va-t-en voir s'ils viennent.

Une belle qui, cherchant
  Compagne fidèle,
La choisit, en la sachant
  Plus aimable qu'elle :
Va-t-en voir s'ils viennent Jean,
  Va-t-en voir s'ils viennent.

Un savant prédicateur
  Comme Boudaloue,
Qui veut toucher le pécheur
  Et craint qu'on le loue :
Va-t-en voir s'ils viennent Jean,
  Va-t-en voir s'ils viennent.

Un médecin, sans grands mots
  D'un savoir extrême,
Qui n'ordonne point les eaux
  Et guérit lui-même :
Va-t-en voir s'ils viennent Jean,
  Va-t-en voir s'ils viennent.

NOUS ÉTIONS TROIS FILLES

Ronde populaire. **Musique de LEFÈVRE.**

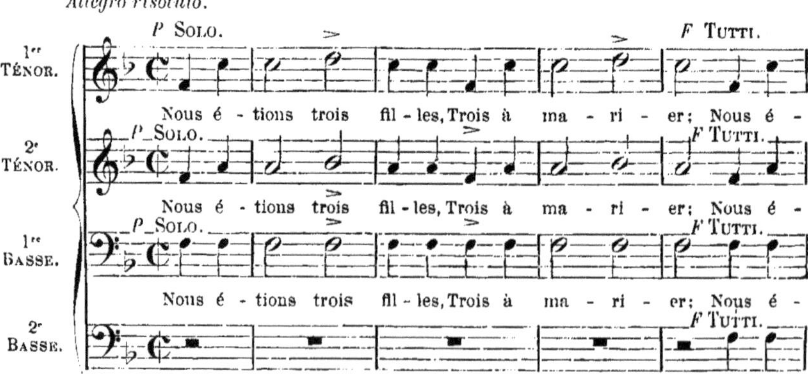

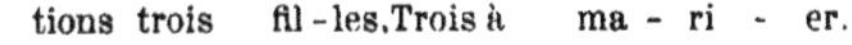

Nous étions trois filles,
Bonnes à marier.
Nous nous en allâmes
Dans un pré danser.
Dans le pré, mes compagnes,
Qu'il fait bon danser.

Nous nous en allâmes
Dans un pré danser.
Nous fîmes rencontre
D'un joli berger.
Dans le pré, mes compagnes,
Qu'il fait bon danser.

Nous fîmes rencontre
D'un joli berger.
Il prit la plus jeune
Voulut l'embrasser.
Dans le pré, mes compagnes,
Qu'il fait bon danser.

Il prit la plus jeune
Voulut l'embrasser.
Nous nous mîmes toutes
A l'en empêcher.
Dans le pré, mes compagnes,
Qu'il fait bon danser.

Nous nous mîmes toutes
A l'en empêcher.
Le berger timide
La laissa aller.
Dans le pré, mes compagnes,
Qu'il fait bon danser.

Le berger timide
La laissa aller.
Nous nous écriâmes
Oh! le sot berger!
Dans le pré, mes compagnes,
Qu'il fait bon danser.

LE CHEVALIER DU GUET

Ronde populaire. Air et paroles d'auteurs inconnus.

INTRODUCTION. *Allegretto. Mouvement de marche nocturne.*

F

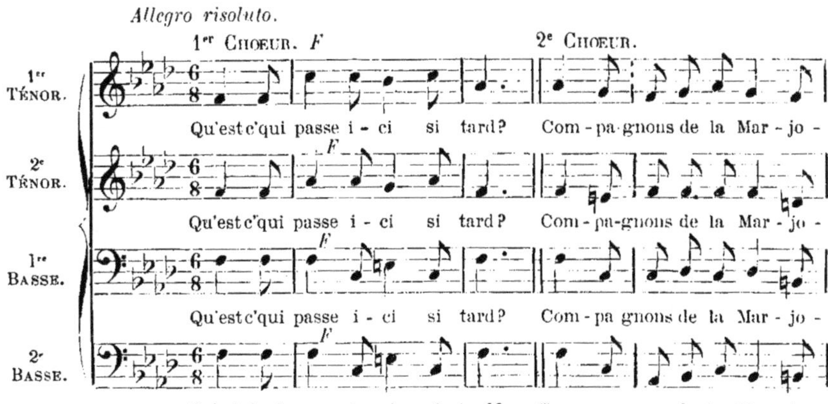
Allegro risoluto.
1er Choeur. F
2e Choeur.
1er Ténor.
2e Ténor.
1re Basse.
2e Basse.
Qu'est c'qui passe i - ci si tard? Com - pa-gnons de la Mar - jo -
Qu'est c'qui passe i - ci si tard? Com - pa-gnons de la Mar - jo -
Qu'est c'qui passe i - ci si tard? Com - pa gnons de la Mar - jo -
Qu'est c'qui passe i - ci si tard? Com - pa-gnons de la Mar - jo -

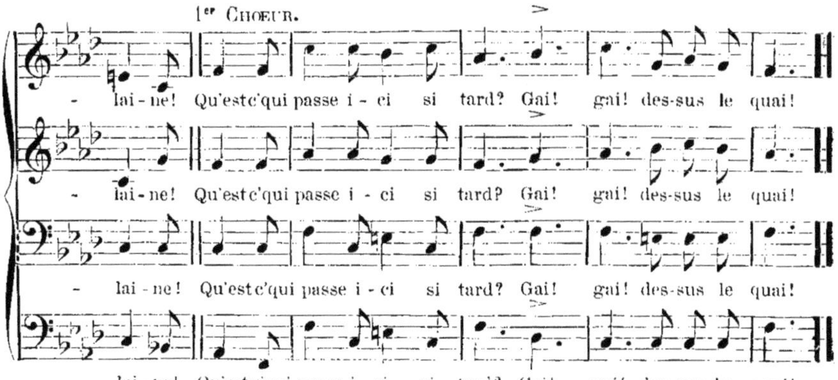
1er Choeur.
- lai - ne! Qu'est c'qui passe i - ci si tard? Gai! gai! des-sus le quai!
- lai - ne! Qu'est c'qui passe i - ci si tard? Gai! gai! des-sus le quai!
- lai - ne! Qu'est c'qui passe i - ci si tard? Gai! gai! des-sus le quai!
- lai - ne! Qu'est c'qui passe i - ci si tard? Gai! gai! des-sus le quai!

Une bande de jeunes filles

Qu' est-c' qui passe ici, si tard,
Compagnons de la Marjolaine,
Qu' est c' qui passe ici, si tard,
Gai, gai, dessus le quai?

Une jeune fille représentant le chevalier.

C'est le chevalier du Guet,
Compagnons de la Marjolaine,
C'est le chevalier du Guet,
Gai, gai, dessus le quai.

La bande.

Que demande le chevalier?
Compagnons, etc.

Le chevalier.

Une fille à marier.
Compagnons, etc.

(*Le même refrain à chaque couplet*)

La bande.

N'y a pas d'fille à marier.

Le chevalier.

On m'a dit qu'vous en aviez.

La bande.

Ceux qui l'ont dit, s'sont trompés.

Le chevalier.

Je veux que vous m'en donniez.

La bande.

Sur les une heur' repassez.

Le chevalier.

Les une heure sont bien passées.

La bande.

Sur les deux heur's repassez.

(*On augmente à volonté le nombre des heures*).

Le chevalier.

J'ai bien assez repassé.

La bande.

En ce cas là, choisissez.

AUSSITÔT QUE LA LUMIÈRE.

Paroles de Maitre Adam BILLAUT menuisier de NEVERS. — Chanson bacchique.

Aussitôt que la lumière
A redoré nos coteaux,
Je commence ma carrière
Par visiter mes tonneaux :
Ravi de revoir l'aurore,
Le verre en main, je lui dis :
Vois-tu sur la rive more
Plus qu'à mon nez de rubis?

Le plus grand roi de la terre,
Quand je suis dans un repas,
S'il me déclarait la guerre,
Ne m'épouvanterait pas :
A table, rien ne m'étonne,
Et je pense quand je boi,
Si là-haut, Jupiter tonne
Que c'est qu'il a peur de moi,

Si quelque jour, étant ivre,
La mort arrêtait mes pas,
Je ne voudrais pas revivre
Pour changer ce grand trépas :
Je m'en irais dans l'Averne
Faire enivrer Alecton,
Et planter une taverne
Dans la chambre de Pluton

Par ce nectar délectable
Les démons étant vaincus,
Je ferais chanter au Diable
Les louanges de Bacchus :
J'apaiserais de Tantale
La grande altération,
En passant l'onde infernale,
Je ferais boire Ixion….

Au bout de ma quarantaine.
Cent ivrognes m'ont promis
De venir, la tasse pleine,
Au gite où l'on m'aura mis :
Pour me faire une hécatombe
Qui signale mon destin,
Ils arroseront ma tombe
De plus de cent brocs de vin

De marbre ni de porphyre
Qu'on ne fasse mon tombeau,
Pour cercueil je ne désire
Que le contour d'un tonneau,
Et veux qu'on peigne ma trogne
Avec ces vers à l'entour :
« Ci-gît le plus grand ivrogne
« Qui jamais ait vu le jour. »

LES ADIEUX DE LA TULIPE

(AVANT LA BATAILLE)

Paroles de MANGENOT. Musique d'un inconnu.

Malgré la bataille
Qu'on livre demain,
Ça, faisons ripaille,
Charmante Catin;
Attendant la gloire,
Prenons le plaisir,
Sans lire au grimoire
Du sombre avenir.

Si la hallebarde
Je peux mériter,
Près du corps-de-garde
Je te fais planter,
Ayant la dentelle,
Le soulier brodé,
La blouque à loreille,
Le chignon cardé.

Narguant tes compagnes,
Méprisant leurs vœux,
J'ai fait deux campagnes,
Rôti de tes feux,
Digne de la pomme,
Tu reçus ma foi;
Et jamais rogomme
Ne fut bu sans toi.

Tiens, serre ma pipe,
Garde mon briquet,
Et si la Tulipe
Fait le noir trajet,
Que tu sois la seule
Dans le régiment
Qu'ait le brûle-gueule
De ton cher Z'amant?

Ah! retiens tes larmes,
Calme ton chagrin;
Au nom de tes charmes....
Achève ton vin...
Mais, quoi! de nos bandes
J'entends les tambours?
Gloire, tu commandes,
Adieu, mes amours!

PARIS A CINQ HEURES DU MATIN

Paroles de DÉSAUGIERS.

Musique de la contredanse du ballet de la Rosière de GARDEL.

ses ray-ons do - re Les toits d'a - len-tour : Les lam-pes pâ - lis-sent, Les
ses ray-ons do - re Les toits d'a - len-tour : Les lam-pes pa - lis-sent, Les
ses ray-ons do - re Les toits d'a - len-tour : Les lam-pes pâ - lis-sent, Les
ses ray-ons do - re Les toits d'a - len-tour : Les lam-pes pâ - lis sent, Les
FIN.
mai-sons blan-chissent, Les marchés s'em-plis-sent: On a vu le jour. De
FIN.
mai-sons blan-chissent, Les marchés s'em-plis-sent: On a vu le jour. De
FIN.
mai-sons blan-chissent, Les marchés s'em-plis-sent: On a vu le jour. De
FIN.
mai-sonsblan-chissent, Les marchés s'em-plis-sent: On a vu le jour. De
fz F fz
la Vil-let-te, Dans sa char-ret-te, Su - zon brou-et - te Ses fleurssur le quai; Et
la Vil-let-te, Dans sa char-ret-te, Su - zon brou-et - te Ses fleurssur le quai; Et
la Vil-let-te, Dans sa char-ret-te, Su - zon brou-et - te Ses fleurssur le quai; Et
la Vil-let-te, Dans sa char-ret-te, Su - zon brou-et - te Ses fleurssur le quai; Et

L'ombre s'évapore
Et déjà l'aurore
De ses rayons dore
Les toits d'alentour;
Les lampes pâlissent,
Les maisons blanchissent,
Les marchés s'emplissent:
On a vu le jour.

De la Villette,
Dans sa charrette
Suzon brouette
Ses fleurs sur le quai,
Et de Vincenne
Gros-Pierre amène
Ses fruits que traîne
Une âne efflanqué.

Déjà l'épicière.
Déjà la fruitière,
Déjà l'écaillère
Saute à bas du lit,
L'ouvrier travaille,
L'écrivain rimaille,
Le fénéant bâille,
Et le savant lit.

J'entends Javotte,
Portant sa hotte,
Crier: Carotte,
Panais et chou-fleur!
Perçant et grêle,
Son cri se mèle
A la voix frêle
Du noir ramoneur

Gentille, accorte,
Devant ma porte
Perrette apporte
Son lait encor chaud;
Et la portière,
Sous la gouttière,
Pend la volière
De dame Margot.

Le joueur avide,
La mine livide
Et la bourse vide,
Rentre en fulminant:

Et, sur son passage,
L'ivrogne, le plus sage,
Rêvant son breuvage,
Ronfle en fredonnant.

Tout, chez Hortense,
Est en cadence;
On chante, danse,
Joue, et *cætera*...
Et sur la pierre
Un pauvre hère,
La nuit entière,
Souffrit et pleura.

Quand vers Cythère
La solitaire,
Avec mystère,
Dirige ses pas,
La diligence
Part pour Mayence,
Bordeaux, Florence,
Ou les Pays-Bas.

« Adieu donc, mon père;
Adieu donc, mon frère;
Adieu donc, ma mère.
— Adieu, mes petits. »
Les chevaux hénissent,
Les fouets retentissent,
Les vitres frémissent:
Les voilà partis.

Dans chaque rue
Plus parcourue,
La foule accrue
Grossit tout à coup:
Grands, valetaille,
Vieillards, marmaille,
Bourgeois, canaille,
Abondent partout.

Ah! quelle cohue!
Ma tête est perdue,
Moulue et fendue;
Où donc me cacher
Jamais mon oreille
N'eut frayeur pareille..
Tout Paris s'éveille..
Allons nous coucher.

CHANSON DE ROLAND

Paroles d'ALEXANDRE DUVAL. Musique de MÉHUL.

fort, C'est Ro - land, ce fou - dre de guer - re, S'il com - bat, la faux de la
fort, C'est Ro - land, ce fou - dre de guer - re, S'il com - bat, la faux de la
fort, C'est Ro - land, ce fou - dre de guer - re, S'il com - bat, la faux de la
fort, C'est Ro - land, ce fou - dre de guer - re, S'il com - bat, la faux de la
mort Suit les coups de son ci - me - ter - re. Soldats Fran-
mort Suit les coups de son ci - me - ter - re. Soldats Fran-
mort Suit les coups de son ci - me - ter - re. Soldats Fran-
mort Suit les coups de son ci - me - ter - re Soldats Fran-
mf
- çais, chan- tons Ro - land, L'hon - neur de la che-va-le-
- çais, chan tons Ro - land, L'hon - neur de la che-va-le-
- çais, Soldats Français! chantons Roland, L'honneur de la che-va - le -
- çais, Soldats Français! chantons Roland, L'honneur de la che-va - le -

Où vont tous ces preux chevaliers,
L'orgueil et l'espoir de la France?
C'est pour défendre nos foyers
Que leur main a repris la lance ;
Mais le plus brave, le plus fort,
C'est Roland, ce foudre de guerre,
S'il combat, la faux de la mort
Suit les coups de son cimeterre.
Soldats Français, chantons Roland,
L'honneur de la chevalerie,
Et répétons en combattant,
Ces mots sacrés : gloire et patrie!

Déjà mille escadrons épars
Couvrent le pied de ces montagnes;
Je vois leurs nombreux étendarts
Briller sur les vertes campagnes.
Français, là sont vos ennemis;
Que pour eux seuls soient les alarmes;
Qu'ils tremblent! tous seront punis!...
Roland a demandé ses armes.
Soldats Français etc.

L'honneur est d'imiter Roland,
L'honneur est près de sa lumière,
Suivez son panache éclatant;
Qu'il vous guide dans la carrière.
Marchez, partagez son destin :
Des ennemis que fait le nombre?
Roland combat; ce mur d'airain
Va disparaître comme une ombre.
Soldats Français etc.

Combien sont-ils? combien sont-ils?
C'est le cri du soldat sans gloire;
Le héros cherche les périls :
Sans les périls qu'est la victoire?
Ayons tous, ô braves amis,
De Roland l'âme noble et fière.
Il ne comptait les ennemis
Qu'étendus morts sur la poussière.
Soldats français etc.

Mais j'entends le bruit de son cor
Qui résonne au loin dans la plaine :
Eh quoi! Roland combat encor?
Il combat! ô terreur soudaine!
J'ai vu tomber ce fier vainqueur;
Le sang a baigné son armure :
Mais toujours fidèle à l'honneur,
Il dit, en montrant sa blessure :
Soldats Français! chantez Roland,
Son destin est digne d'envie;
Heureux qui peut, en combattant,
Vaincre et mourir pour sa patrie.

PLAISIR D'AMOUR

Paroles de FLORIAN. Musique de MARTINI.

Fin.
- ment, Cha-grin d'a - mour du-re tou-te la vi - - - - e.
- ment, Cha-grin d'a - mour du-re tou-te la vi - - - - e.
- ment, Cha-grin d'a - mour du-re tou-te la vi - - - - e.
- ment, Cha-grin d'a - mour du-re tou-te la vi - - - - e.
Tutti.
(Bouche fermée.)
(Bouche fermée.)
(Bouche fermée.)
(Bouche fermée.)
Solo ad lib.
J'ai
J'ai
J'ai
J'ai

cresc.
tout quit - té pour l'in-gra-te Syl - vi - - - - e:
El - le me
quit-te et rit de mon tour - ment!
(Bouche fermée.)
rall.
1° tempo.
Plai - sir d'a -

- mour ne du - re qu'un mo - ment, Cha- grin d'a - mour du-re tou-te la
- mour ne du - re qu'un mo - ment, Cha- grin d'a - mour du-re tou-te la
- mour ne du - re qu'un mo - ment, Cha- grin d'a - mour du-re tou-te la
- mour ne du - re qu'un mo - ment, Cha- grin d'a - mour du-re tou-te la
vi - - e. Tant que cette eau cou - le -
vi - - e Tant que cette eau cou - le -
vi - - e. (Bouche fermée.)
vi - - e. (Bouche fermée.)
PP
6
8
- ra dou - ce - ment Vers ce ruisseau qui bor - de la prai-
- ra dou - ce - ment Vers ce ruisseau qui bor - de la prai-
(Bouche fermée.)
(Bouche fermée.)

dolce.
- ri - e, Je t'ai - me - rai.
- ri - e, (Bouche fermée.) Je t'ai - me - rai. (Bouche fermée.)
Je t'ai - me - rai. (Bouche fermée.)
Je t'ai - me - rai. (Bouche fermée.)
PP
Me ré-pé-tait Syl-vi - - e L'eau cou-le en-cor: Elle
Me ré-pé-tait Syl-vi - - e L'eau cou-le en-cor: Elle
Me ré-pé-tait Syl-vi - - e L'eau cou-le en-cor: Elle
Me ré-pé-tait Syl-vi - - e L'eau cou-le en-cor: Elle
a changé pour-tant, Plai -
dolce rall.
a changé pour-tant, (Bouche fermée.) rall. Plai -
dolce
a changé pour-tant, (Bouche fermée.) Plai -
dolce. rall.
a changé pour-tant, (Bouche fermée.) Plai -

TE SOUVIENS-TU?

Paroles d'ÉMILE DE BRAUX. Musique de DOCHE, père.

Moderato.

1er Ténor. *Te souviens-tu,* di-sait un ca-pi-tai-ne Au vé-té-

2e Ténor. *Te souviens-tu,* di-sait un ca-pi-tai-ne Au vé-té-

1re Basse. *Te souviens-tu,* di-sait un ca-pi-tai-ne Au vé-té-

2e Basse. *Te souviens-tu,* di-sait un ca-pi-tai-ne Au vé-té-

-ran qui mendi-ait son pain, *Te souviens-tu* qu'autrefois dans la plai-ne Tu détour-

-ran qui mendi-ait son pain, *Te souviens-tu* qu'autrefois dans la plai-ne Tu détour-

-ran qui mendi-ait son pain *Te souviens-tu* qu'autrefois dans la plai-ne Tu détour-

-ran qui mendi-ait son pain *Te souviens-tu* qu'autrefois dans la plai-ne Tu détour-

-nas un sa-bre de mon sein? Sous les drapeaux d'une mè-re ché-ri-e, Tous deux ja-

-nas un sa-bre de mon sein? Sous les drapeaux d'une mè-re ché-ri-e, Tous deux ja-

-nas un sa-bre de mon sein? Sous les drapeaux d'une mè-re ché-ri-e, Tous deux ja-

-nas un sa-bre de mon sein? Sous les drapeaux d'une mè-re ché-ri-e, Tous deux ja-

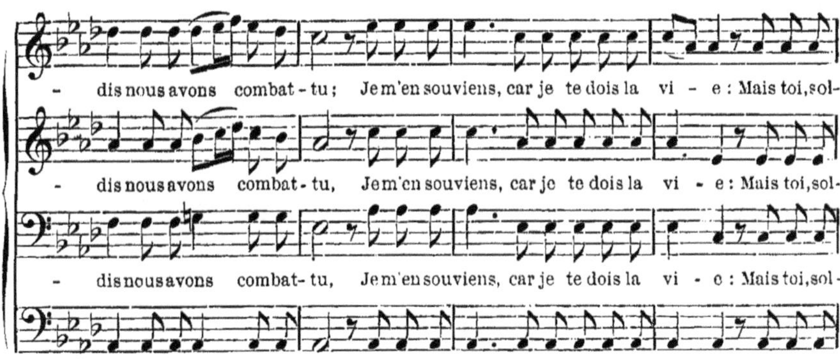
- dis nous avons combat - tu ; Je m'en souviens, car je te dois la vi - e : Mais toi, sol-
- dis nous avons combat - tu, Je m'en souviens, car je te dois la vi - e : Mais toi, sol-
- dis nous avons combat - tu, Je m'en souviens, car je te dois la vi - e : Mais toi, sol-
- dis nous avons combat - tu, Je m'en souviens, car je te dois la vi - e : Mais toi, sol-

- dat, dis-moi, t'en souviens-tu? Je m'en souviens car je te dois la vi - e, Mais toi, sol-
- dat, dis-moi, t'en souviens-tu? Je m'en souviens car je te dois la vi - e, Mais toi, sol-
- dat, dis-moi, t'en souviens-tu? Je m'en souviens car je te dois la vi - e, Mais toi, sol-
- dat, dis-moi, t'en souviens-tu? Je m'en souviens car je te dois la vi - e, Mais toi, sol-

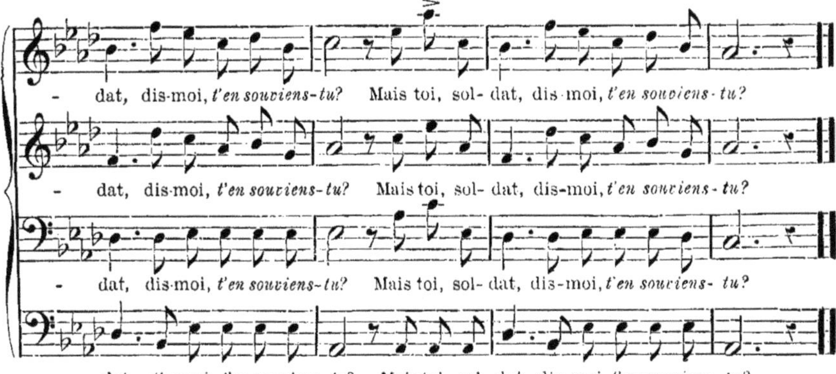
- dat, dis-moi, t'en souviens-tu? Mais toi, sol- dat, dis-moi, t'en souviens- tu?
- dat, dis-moi, t'en souviens-tu? Mais toi, sol- dat, dis-moi, t'en souviens- tu?
- dat, dis-moi, t'en souviens-tu? Mais toi, sol- dat, dis-moi, t'en souviens- tu?
- dat, dis-moi, t'en souviens- tu? Mais toi, sol- dat, dis-moi, t'en souviens- tu?

Te souviens-tu, disait un capitaine
Au vétéran qui mendiait son pain,
Te souviens-tu qu'autrefois dans la plaine
Tu détournas un sabre de mon sein?
Sous les drapeaux d'une mère chérie,
Tous deux jadis nous avons combattu;
Je m'en souviens, car je te dois la vie;
Mais, toi, soldat, dis-moi, *t'en souviens-tu?*

Te souviens-tu de ces jours trop rapides,
Où le Français acquit tant de renom?
Te souviens-tu que sur les Pyramides,
Chacun de nous osa graver son nom?
Malgré les vents, malgré la terre et l'onde,
On vit flotter, après l'avoir vaincu,
Notre étendard sur le berceau du monde :
Dis-moi, soldat, dis-moi, *t'en souviens-tu?*

Te souviens-tu que les preux d'Italie
Ont vainement combattu contre nous?
Te souviens-tu que les preux d'Ibérie
Devant nos chefs ont plié les genoux?
Te souviens-tu qu'aux champs de l'Allemagne,
Nos bataillons, arrivant impromptu,
En quatre jours ont fait une campagne;
Dis-moi, soldat, dis-moi, *t'en souviens-tu?*

Te souviens-tu de ces plaines glacées
Où le Français, abordant en vainqueur,
Vit sur son front les neiges amassées
Glacer son corps sans refroidir son cœur?
Souvent alors au milieu des alarmes,
Nos pleurs coulaient, mais notre œil abattu
Brillait encor lorsqu'on volait aux armes :
Dis-moi, soldat, dis-moi, *t'en souviens-tu?*

Te souviens-tu qu'un jour notre patrie
Vivante encor descendit au cerceuil,
Et que l'on vit, dans Lutèce flétrie
Des étrangers marcher avec orgueil
Grave en ton cœur ce jour pour le maudire,
Et quand Bellone enfin aura paru,
Qu'un chef jamais n'ait besoin de te dire :
Dis-moi, soldat, dis-moi, *t'en souviens-tu?*

Te souviens-tu.... Mais ici ma voix tremble,
Car je n'ai plus de noble souvenir;
Viens-t'en, l'ami, nous pleurerons ensemble
En attendant un meilleur avenir.
Mais si la mort, planant sur ma chaumière,
Me rappelait au repos qui m'est dû,
Tu fermeras doucement ma paupière,
En me disant : soldat, *t'en souviens-tu?*

PLUS ON EST DE FOUS PLUS ON RIT

CHANSON BACHIQUE

Paroles d'ARMAND GOUFFÉ. Musique de FASQUEL.

Que j'aime à voir dans ce sé - jour Le joyeux trou - peau d'É - pi -
- cu - re Se re - cru - ter de jour en jour!
Tutta voce.
Francs bu -
- veurs, que Bacchus at - ti - re Dans ces re - trai - tes qu'il ché - rit,

dim.
FF
A - vec nous, ve- nez boire et ri - re; Plus on est de fous, plus on est de
FF
A - vec nous, ve- nez boire et ri - re; Plus on est de fous, plus on est de
FF
A - vec nous, ve- nez boire et ri - re; Plus on est de fous, plus on est de
FF
A - vec nous, ve- nez boire et ri - re; Plus on est de fous, plus on est de
FF
fous, plus on rit; A - vec nous, ve - nez boire et ri - re;
FF
fous, plus on rit; A - vec nous, ve - nez boire et ri - re;
FF
fous, plus on rit; A - vec nous, ve - nez boire et ri - re;
FF
fous, plus on rit; A - vec nous, ve - nez boire et ri - re;
dim.
F
Plus on est de fous, plus on est de fous, plus on rit; Plus on est de fous, plus on est de
F
Plus on est de fous, plus on est de fous, plus on rit; Plus on est de fous, plus on est de
F
Plus on est de fous, plus on est de fous, plus on rit; Plus on est de fous, plus on est de
F
Plus on est de fous, plus on est de fous, plus on rit; Plus on est de fous, plus on est de

Des frélons bravant la piqûre,
Que j'aime à voir dans ce séjour
Le joyeux troupeau d'Épicure
Se recruter de jour en jour?
Francs buveurs, que Bacchus attire
Dans ces retraites qu'il chérit,
Avec nous venez boire et rire....
Plus on est de fous, plus on rit,

Ma règle est plus douce et plus prompte
Que les calculs de nos savants.
C'est le verre en main que je compte
Mes vrais amis, les bons vivants!
Plus je bois, plus leur nombre augmente
Et quand ma coupe se tarit,
Au lieu de quinze j'en vois trente!...
Plus on est de fous plus on rit.

Si j'avais une salle pleine
Des vins choisis que nous sablons
Et grande au moins comme la plaine
De Saint-Denis ou des Sablons,
Mon pinceau, trempé dans la lie,
Sur tous les murs aurait écrit :
« Entrez, enfants de la folie.....
« Plus on est de fous, plus on rit.

« Entrez, soutiens de la sagesse,
« Apôtres de l'humanité :
« Entrez, amis de la richesse ;
« Entrez, amants de la beauté ;
« Entrez, fillettes dégourdies.
« Vieilles qui visez à l'esprit ;
« Entrez, auteurs de tragédies....
« Plus on est de fous, plus on rit. »

Puisque notre vie a des bornes,
Aux enfers un jour nous irons ;
Et malgré le Diable et ses cornes
Aux enfers un jour nous rirons...
L'heureux espoir !.. que vous en semble !..
Or, voici ce qui le nourrit :
Nous serons là bas tous ensemble....
Plus on est de fous, plus on rit.

LE LABOUREUR ET SES ENFANTS

PP
- sor est ca - ché de - dans. Je ne sais pas l'endroit; mais un peu de cou - ra - ge Vous
PP
- sor est ca - ché de - dans. Je ne sais pas l'endroit; mais un peu de cou - ra - ge Vous
PP
- sor est ca - ché de - dans. Je ne sais pas l'endroit; mais un peu de cou - ra - ge Vous
cresc.
F P
le fe - ra trou - ver: vous en viendrez à bout. Re-mu - ez vo - tre
F P cresc.
le fe - ra trou - ver: vous en viendrez à bout. Re-mu - ez vo - tre
F P cresc.
le fe - ra trou - ver: vous en viendrez à bout. Re-mu - ez vo - tre
champ dès qu'on au-ra fait l'oût. Creu - sez, fouil-lez, bê-chez; ne
champ, votre champ dès qu'on au-ra fait l'oût. Creusez, fouillez,
champ, votre champ dès qu'on au-ra fait l'oût. Creusez, fouillez,
F PP
lais-sez nul-le pla - ce Où la main ne pas - se et re - pas - se. » Le pè-re
F PP
bêchez; la pla - ce Où la main ne pas - se et re - pas - se. » Le pè-re
F PP
bêchez; la pla - ce Où la main ne pas - se et re - pas se. » Le pè-re

mort, le pè-re mort, le père mort, Les fils vont retournant le champ,
mort, le pè-re mort, le père mort, Vont retournant le
mort, le pè-re mort, le père mort, Les fils vont retournant le
De çà, de là, partout, si bien qu'au bout de l'an Il en rappor-ta da-van-ta -
champ, De çà, de là, partout, si bien qu'au bout de l'an Il en rappor-ta da-van-ta -
champ, De çà, de là, partout, si bien qu'au bout de l'an Il en rappor-ta da-van-ta -
Sotto voce et parlante. PP
- ge. D'argent, point de ca - ché; d'ar-gent, point de ca-ché. Mais le pè-re fut sa-ge De
- ge. D'argent, point de ca - ché; d'ar-gent, point de ca-ché. Mais le pè-re fut sa-ge De
- ge. D'argent, point de ca - ché; d'ar-gent, point de ca-ché. Mais le pè-re fut sa-ge De
rall.
leur montrer, a-vant sa mort, De leur montrer, a -vant sa mort, Que le travail est un trésor!
leur montrer, a-vant sa mort, De leur montrer, a -vant sa mort, Que le travail est un trésor!
leur montrer, a-vant sa mort, De leur montrer, a -vant sa mort; Que le travail est un trésor!

LE LION ET LE RAT

- di - e. Le roi des a - ni - maux Mon - tra ce qu'il é - tait, et
- di - e. Le roi des a - ni - maux Mon - tra ce qu'il é - tait, et
- di - e. Le roi des a - ni - maux Mon - tra ce qu'il é - tait, et
F
PP
lui don-na la vi - e, et lui don - na la vi - e. Ce bien-
F
PP
lui don-na la vi - e, et lui don - na la vi - e. Ce bien-
F
PP
lui don-na la vi - e, et lui don - na la vi - e. Ce bien-
- fait ne fut pas per - du. Quel-qu'un aurait -il jamais cru Qu'un li - on d'un rat eût af -
- fait ne fut pas per - du. Quel-qu'un aurait -il jamais cru Qu'un li - on d'un rat eût af -
- fait ne fut pas per - du. Quel-qu'un aurait -il jamais cru Qu'un li - on d'un rat eût af -
F
P
- fai - re? Ce - pen-dant il ad - vint qu'au sor-tir des fo - rêts Ce li -
P
- fai - re? Qu'au sor-tir des fo - r. ts Ce li -
P
- fai - re? Qu'au sor-tir des fo - rêts Ce li -

cresc.
- on fut pris dans des rêts, Dont ses ru-gissements ne pu-rent le dé-fai - re.
cresc.
- on fut pris dans des rêts, Dont ses ru-gissements ne pu-rent le dé-fai - re.
cresc.
- on fut pris dans des rêts, Dont ses ru-gissements ne pu-rent le dé-fai - re.
cres - - - - - - - - - cen - - - - - - do.
F
(Bouche fermée.)
Sire
F
(Bouche fermée.)
F
(Bouche fermée.)
rat ac-courut, et fit tant par ses dents Qu'une mail-le rongée empor-ta tout l'ouvra-ge.
cresc. - - poco - - - - a - - - - - - poco
Maestoso nobile.
F
Pa - ti - ence et lon-gueur de temps Font plus que for - ce ni que ra - ge.
F
F
Pa - ti - ence et lon-gueur de temps Font plus que for - ce ni que ra - ge.
F
F
Pa - ti - ence et lon-gueur de temps Font plus que for - ce ni que ra - ge.

LE PETIT POISSON ET LE PÊCHEUR

qui n'é-tait en - cor que fré - tin, Fut pris par un pê - cheur au
qui n'é-tait en - cor que fré - tin, Fut pris par un pê - cheur au
qui n'é-tait en - cor que fré - tin, Fut pris par un pê - cheur au
cresc.
bord d'u- ne ri - viè - re. Tout fait nom - bre, dit l'homme en vo -
bord d'u- ne ri - viè - re. Tout fait nom - bre, dit l'homme en vo -
bord d'u- ne ri - viè - re. Tout fait nom - bre, dit l'homme en vo -
- yant son bu - tin; Voi - là commen-ce - ment de chère et de fes -
- yant son bu - tin; Voi - là commen-ce - ment de chère et de fes -
- yant son bu - tin; Voi - là commen-ce - ment de chère et de fes -
- tin; Met - tons - le en no - tre gi- be ciè - - re. Le
- tin; Met - tons - le en no - tre gi- be - ciè - - re. Le
- tin; Met - tons - le en no - tre gi- be - ciè - - re. Le

P
mf
pau - vre car - pil - lon lui dit, en sa ma - niè - re: Que
pau - vre car - pil - lon lui dit, en sa ma - niè - re: Que
pau - vre car - pil - lon lui dit, en sa ma - niè - re: Que
fe- rez-vous de moi? je ne sau-rais four - nir Au plus qu'u-ne de -
fe- rez-vous de moi? je ne sau-rais four - nir Au plus qu'u-ne de -
fe- rez-vous de moi? je ne sau-rais four - nir Au plus qu'u-ne de -
Animato.
- mi bou - ché - e. Laissez-moi car - pe de - ve - nir, Laissez-moi
- mi bou - ché - e. Laissez-moi car - pe de - ve - nir, Laissez-moi
- mi bou - ché - e. Laissez-moi car - pe de - ve - nir, Laissez-moi
F
PP
car - pe de- ve - nir: Je se- rai par vous re - pê - ché - -
car - pe de- ve - nir: Je se- rai par vous re - pê - ché - -
car - pe de- ve - nir: Je se- rai par vous re - pê ché - -

(avec importance.)
- e; Quel-que gros par- ti - san m'a-che- te - ra bien cher: Au
- e; Quel-que gros par- ti - san m'a-che- te - ra bien cher: Au
- e; Quel-que gros par- ti - san m'a-che- te - ra bien cher: Au
lieu qu'il vous en faut chercher Peut - être en-cor cent de ma tail-le Pour faire un
lieu qu'il vous en faut chercher Peut - être en-cor cent de ma tail-le Pour faire un
lieu qu'il vous en faut chercher qu'il vous en faut chercher Encor cent de ma tail-le Pour faire un
(avec dédain.)
plat: quel plat! cro-yez-moi, rien qui vail - le. Rien qui vai - le! eh bien!
plat: quel plat! cro-yez-moi, rien qui vail - le. Rien qui vai - le! eh bien!
plat: quel plat! cro-yez-moi, rien qui vail - le Rien qui vai - le! eh bien!
Allegretto.
soit, re-par - tit le pê - cheur: Pois - sou, mon bel a - mi qui
soit, re-par - tit le pê - cheur: Pois - son, mon bel a - mi qui
soit, re-par - tit le pê - cheur: Pois - son, mon bel a - mi qui

fai-tes le prê - cheur, Vous i - rez dans la poê - le; et vous au-rez beau
fai-tes le prê - cheur, Vous i - rez dans la poê - le; et vous au-rez beau
fai-tes le prê - cheur, Vous i - rez dans la poê - le; et vous au-rez beau
di - re, Dès ce soir on vous fe - ra fri - - - re. Un
di - re, Dès ce soir on vous fe - ra fri - - - re, Un
di - re, Dès ce soir on vous fe - ra fri - - - re, Un
Tiens vaut, ce dit - on, mieux que deux Tu l'au - ras; L'un est sûr, l'un est
Tiens vaut, ce dit - on, mieux que deux Tu l'au - ras; L'un est sûr, l'un est
Tiens vaut, ce dit - on, mieux que deux Tu l'au - ras; L'un est sûr, l'un est
sûr, l'un est sûr; l'au - tre ne l'est pas.
sûr, l'un est sûr; l'au - tre ne l'est pas.
sûr, l'un est sûr; l'au - tre ne l'est pas.

LES MOISSONNEURS

Paroles de MARIE RAVENEL. Musique d'A. ELWART.

Allegretto louré.

1er TÉNOR. Les blés sont mûrs, l'é - pi s'a -

2e TÉNOR. Les blés sont mûrs, l'é - pi s'a -

1re BASSE. Les blés sont mûrs, les blés sont mûrs, l'é - pi s'a -

2e BASSE. Les blés sont mûrs, les blés sont mûrs, l'é - pi s'a -

- bais - se Sous le far - deau de ses cent grains; Que Dieu nous

- bais - se Sous le far - deau de ses cent grains; Que Dieu nous

- bais - se Sous le far - deau de ses cent grains, ses cent grains; Que Dieu —

bais - se Sous le far - deau de ses cent grains, ses cent grains; Que Dieu —

don - ne en sa ten - dres - - - - se Des bras ner-veux, des cœurs se -

don - ne en sa ten - dres - - - - se Des bras ner-veux, des cœurs se -

— nous don - - ne en sa tendres - se Des bras ner-veux, des cœurs se -

— nous don - - ne en sa tendres - se Des bras ner-veux, des cœurs se -

- reins! A - mis, no-tre tâche est sa - cré - e, Le tra - vail nous comble d'hon-
- reins! A - mis, no-tre tâche est sa - cré - e, Le tra - vail nous comble d'hon-
- reins! A - mis, no-tre tâche est sa - cré - e, Le tra - vail nous comble d'hon-
- reins! A - mis, no-tre tâche est sa - cré - e, Le tra - vail nous comble d'hon-
dolce
- neur, Tra-vail - lons, la moisson do - ré - e Attend l'a-cier du moi - son-
- neur, Tra-vail - lons, la moisson do - ré - e Attend l'a cier du mois-son-
- neur, Tra vail- lons, la moisson do - ré - e Attend l'a-cier du mois-son-
- neur, Tra-vail- lons, la moisson do - ré - e Attend l'a-cier du mois-son-
- neur; Tra-vail- lons, la moisson do - ré - e At - tend l'a-cier du moisson-
- neur; Tra-vail- lons, la moisson do - ré - e At - tend l'a-cier du moisson-
- neur; Tra-vail-lons, la moisson do - ré - e At - tend l'a-cier du moisson-
- neur; Tra-vail-lons, la moisson do - ré - e At - tend l'a-cier du moisson-

F
P
- neur, At - tend l'a - cier du mois - son - neur. (Bouche fermée.)
F
P
- neur, At - tend l'a - cier du mois - son - neur. (Bouche fermée.)
F
P
- neur, At - tend l'a - cier du mois - son - neur. (Bouche fermée.)
F
P
- neur, At - tend l'a - cier du mois - son - neur. (Bouche fermée.)
cresc.
P
cresc.
F
F
SOLI.
F
espressione

Les blés sont mûrs, l'épi s'abaisse
Sous le fardeau de ses cent grains :
Que Dieu nous donne en sa tendresse
Des bras nerveux, des cœurs sereins!
Amis, notre tâche est sacrée,
Le travail nous comble d'honneur,
Travaillons, la moisson dorée
Attend l'acier du moissonneur.

En travaillant, joyeux compères,
Nous cultiverons la gaîté;
Quelques vieux refrains de nos pères
Charmeront les échos d'été.
L'heure s'écoule et nous entraîne,
Le travail fait notre bonheur;
Au bout du champ, sous le grand frène
Est le dîner du moissonneur.

Quand le soc ouvrit sa carrière
Nous guidions les bœufs au labour,
Depuis l'étoile matinière
Jusqu'au dernier regard du jour.
Nous disions : la tâche est immense :
Mais le travail nourrit les cœurs :
Maintenant jetons la semence,
Plus tard nous serons moissonneurs

Oui, pour nous, l'année a des ailes,
Les mois se tiennent par la main :
Ces épais rayons de javelles
Au hameau rentreront demain ;
De ces biens que le ciel nous donne,
Nous ferons la part du glaneur :
En ramassant notre humble aumône
Il bénira le moissonneur.

Demain, sous des milliers de gerbes
Gémira le puissant essieu;
Et, le soir, à nos champs superbes
Pour un temps nous dirons adieu.
Bientôt, la grange spacieuse
Logera le fruit du labeur,
Ensuite, une fête joyeuse
Sera donnée au moissonneur.

L'AFFÛT

Paroles de MARIE RAVENEL. Musique d'A. ELWART

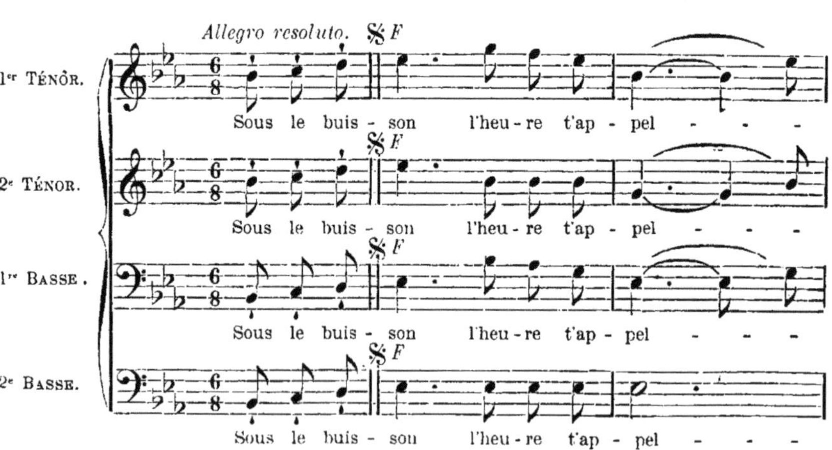

fz
- le, — — Ne vois-tu pas — — — le point du
- le, — Chas-seur, Ne vois-tu pas le point du
- le, — Chas-seur, Ne vois-tu pas le point du
- le, — Chas-seur, Ne vois-tu pas le point du

cresc. fz PP
jour? — — Sur les ge - nêts le liè - vre court, La bri - se
fz PP
jour? le point du jour, Sur les ge - nêts le liè - vre court, La bri - se
fz PP
jour? le point du jour, Sur les ge - nêts le liè - vre court, La bri - se
cresc. fz PP
jour? le point du jour, Sur les ge - nêts le liè - vre court, La bri - se

F F
dort, la nuit est bel - - le, Si bel - - le! Chas-seur, chas-
F F
dort, la nuit est bel - - le, Si bel - - le! Chas-seur, chas-
F F
dort, la nuit est bel - - le, Si bel - - le! Chas-seur, chas-
F F
dort, la nuit est bel - - le, Si bel - - le! Chas-seur, chas-

F
PP Legierro.
- seur, le liè - vre court; Chasseur, chas-seur, le liè - vre court; Chasseur, chas-
PP
F
- seur, le liè - vre court; Chasseur, chas-seur, le liè - vre court; Chasseur, chas-
PP
F
- seur, le liè - vre court; Chasseur, chas-seur, le liè - vre court; Chasseur, chas-
PP
F
- seur, le liè - vre court; Chasseur, chas-seur, le liè - vre court; Chasseur, chas-
cresc.
- seur, le liè - vre court; Chasseur, chas-seur, le liè - vre court; Chasseur, chas-
- seur, le liè - vre court; Chasseur, chas-seur, le liè - vre court; Chasseur, chas-
- seur, le liè - vre court; Chasseur, chas-seur, le liè - vre court; Chasseur, chas-
- seur, le liè - vre court; Chasseur, chas-seur, le liè - vre court; Chasseur, chas-
F
mf
E
- seur, le liè-vre court. — — — — Oui!
P
PP
E
F
- seur, le liè-vre court, Chasseur, chas-seur, le liè-vre court. Oui!
E
PP
E
- seur, le liè-vre court, le liè-vre court. Oui!
F
P
PP
E
- seur, le liè-vre court, Chasseur, chas-seur, le liè-vre court. Oui!

1er Couplet. Même mouvement.
1r Ténor.
2 Ténor.
1re Basse.
2e Basse.
avec décision.
Le fier chasseur n'at-tend pas qu'on l'é-veil-le: Depuis longtemps il a quit-té son lit; il a quit-té son lit, son lit; Sur
Depuis longtemps il a quit-té son lit; Sur
un coussin de mousse et de gra-nit, de gra-nit, Au coin du bois, depuis long-
sotto voce.
mf

mf
- temps il veil - - - le. Fu - sil en main, pied lé - ger, cœur joy-
mf
- temps il veil - - - le. Fu - sil en main, pied lé - ger, cœur joy-
mf
- temps il veil - - - le, Fu - sil en main, pied lé - ger, cœur joy-
mf
- temps il veil - - - le, Fu - sil en main, pied lé - ger, cœur joy-
- - - eux, Fi du re- pos quand le gi - bier l'ap-pel - le!
mf
mf
- eux, cœur joy- eux, Fi du re- pos quand le gi - bier l'ap-pel - le! Fi du re-
mf
mf
- eux, cœur joy- eux, Fi du re- pos quand le gi - bier l'ap-pel - le! Fi du re-
mf
- eux, cœur joy- eux, Fi du re- pos quand le gi - bier l'ap-pel - le! Fi du re-
F F
Mi - nuit son - nant à la vieil - le cha - pel - le Il
F F
- pos, Mi - nuit son - nant à la vieil - le cha - pel - le Il
F F
- pos, Mi - nuit son - nant à la vieil - le cha - pel - le Il
F F
- pos, Mi - nuit son - nant à la vieil - le cha - pel - le Il

REFRAIN.

Sous le buisson l'heure t'appelle,
Ne vois-tu pas le point du jour?
Sur les genêts le lièvre court,
La brise dort, la nuit est belle,
Si belle!
Chasseur, chasseur, le lièvre court.

Le fier chasseur n'attend pas qu'on l'éveille :
Depuis longtemps il a quitté son lit;
Sur un coussin de mousse et de granit,
Au coin du bois, depuis longtemps il veille
Fusil en main, pied léger, cœur joyeux,
Fi du repos quand le gibier l'appelle!
Minuit sonnant à la vieille chapelle,
Il cheminait sous la voûte des cieux.

Sous le buisson, etc.

Le bord du ciel blanchit et puis s'écaille,
Le vent des nuits effleure les buissons ,
Un léger souffle a touché les moissons,
L'herbe frissonne et l'on entend la caille;
Le chat-huant perché sur un menhir,
Contemple aussi cette scène admirable,
Chasseur, enfin, c'est l'instant favorable :
Attention, le lièvre va venir.

Sous le buisson, etc.

Broutant le thym, regagnant son asile,
Sans se douter qu'il s'avance au trépas,
Le doux ermite approche au petit pas,
La foudre éclate et l'étend immobile.
L'heureux chasseur, son trophée à la main,
Rentre au village avec la blonde aurore,
S'assied gaîment, prend sa soupe et dévore,
En combinant l'exploit du lendemain.

Sous le buisson, etc.

LA PÊCHE

Paroles de MARIE RAVENEL. Musique d'A. ELWART.

REFRAIN. *Allegretto* 𝄋 *resoluto.*

1er TÉNOR. 2e TÉNOR. 1re BASSE. 2e BASSE.

La mer nous ré - cla - me, Fer - me à la ra - me,

Vi - ve la la - me Et la gai - té! A nous la tran - se,

La jou - is - san - ce, L'in - dé - pen - dan - ce, L'im - men - - si -

- té! La jou-is - san - ce, L'immen - si -
- té! La jou-is - san - ce, L'immen - si -
- té! A nous la tran - se, L'in-dé - pen-dan - ce, L'immen - si -
- té! A nous la tran - se, L'in-dé - pen-dan - ce, L'immen - si -
- té! — — (Bouche fermée.)
- té! — — (Bouche fermée.)
- té! — — (Bouche fermée.)
- té! — — (Bouche fermée.)
dolce

1er Couplet. *Allegro moderato risoluto.*

- sant sur l'ar - riè - re; Fes-ton - ne
- sant sur l'ar - riè - re, Fes-ton - ne
La mer à pe - tit bruit Fes-ton - ne
La mer à pe - tit bruit Fes- ton - ne
F
D. C. Al segno.
la car-riè - re. Fes-ton-ne, fes - ton - ne la car - riè - re. La
la car-riè - re, Fes-ton-ne, fes - ton - ne la car - riè - re. La
la car-riè - re. Fes-ton-ne, fes - ton - ne la car - riè - re. La
la car-riè - re, Fes-ton-ne, fes - ton - ne la car - riè - re. La
2e Couplet. Allegretto moderato.
P
Ils s'en vont je - ter leurs fi - lets, Dans la belle anse aux blonds ga -
Ils s'en vont je - ter leurs fi - lets, Dans la belle anse aux blonds ga -
Ils s'en vont je - ter leurs fi - lets, Dans la belle anse aux blonds ga -
Ils s'en vont je - ter leurs fi - lets, Dans la belle anse aux blonds ga-

- lets, — Aux eaux lim - pi - - - des, A-bris na -
- lets, — Aux eaux lim - pi - - - des, Saisir dans leurs a -
- lets, — Aux eaux lim - pi - - des,
- lets, — Aux eaux lim - pi - - - des, Sai-sir dans leurs a-bris na -
- crés — Blancs et do - rés, Si bien lustrés et si ra-pi -
- bris na - crés Ces gais poissons blancs et do - rés, Si bien lustrés et si ra-pi -
Abris nacrés, Blancs et dorés, Si bien lustrés et si ra-pi -
- crés, Les gais poissons blancs et do - rés, Si bien lustrés et si ra pi -
D. C. Al segno.
- des. (Bouche fermée.) La
D. C. Al segno.
- des. (Bouche fermée.) La
D. C. Al segno.
- des. (Bouche fermée.) La
D. C. Al segno.
- des. (Bouche fermée.) La

3e Couplet. Final.
Mais a - près les sa - bles po - lis, — Viennent le vent et le tan -
Mais a - près les sa - bles po - lis, — Et le tan -
Mais a - près les sa - bles po - lis, — Et le tan -
Les sa - bles po - lis, — Et le tan -
- ga - ge; Le roc où le bateau s'en-ga - ge, La ma - rée au puissant rou -
- ga - ge; Le roc où le bateau s'en-ga - ge, La ma - rée au puissant rou-
· ga - ge; Le roc où le bateau s'en-ga - ge, La ma - rée au puissant rou-
- ga - ge; Le roc où le bateau s'en-ga - ge, La ma - rée au puissant rou-
- lis, Les vagues fu-ri-bon - des,
- lis, Ah! — les vagues fu-ri-bon - des,
- lis, Et les terreurs profon - des, Les vagues fu-ri-bon - des, Les filets sous les
- lis, Et les terreurs profon - des, Les vagues fu-ri-bon - des, Les filets sous les

4e Couplet Largement
Dis-per-sés, dé-mo - lis! — Ah! que le ciel, soir
Ah! Dis-per-sés, dispersés, dé-mo - lis! — Ah! que le ciel, soir
on - - des, Dis-per-sés, dispersés, dé-mo - lis! — Ah! que le ciel, soir
on - - des, Dis-per-sés, dispersés, dé-mo - lis! — Ah! que le ciel, soir
F
et ma - tin, Pauvre esquif te soit fa-vo - ra - ble, Et te gar - de jusqu'à la
fin — De tout mal-heur ir - ré - pa - ra - ble!
Solo
fin — De tout mal-heur ir - ré - pa - ra - ble! Que le ma - rin, soit cal-me et

F
Calme et fort,
En luttant,
F
Calme et fort,
Et vienne en-fin, de port en
Solo.
En luttant con-tre la dé - tres - se,
fort,
En luttant,
F
De port en port Chez
PP
lui faire une heureuse mort,
port,
Chez
PP
lui faire une heureuse mort,
De port en port Chez
PP
lui faire une heureuse mort, Après une heureu - se vieil-
De port en port Chez
PP
lui faire une heureuse mort, Après une heureu - se vieil-
D. C. Al segno.
A - près une heu- reu - - se vieil - les - - se. La
D. C. Al segno.
A - près une heu- reu - - se vieil - les - - se. La
D. C. Al segno.
- les - se. A - près une heu- reu - - se vieil - les - - se. La
D. C. Al segno.
- les - se. A - près une heu- reu - - se vieil - les - - se. La

APPENDICE AUX ÉLÉMENTS DU PLAIN-CHANT.

§ 1. — ATTRIBUTIONS DU CHEF DE CHŒUR RURAL.

Le *chef de chœur* est la personne qui, dans les villages, cumule ordinairement les fonctions de chantre et de maître d'école ou d'instituteur primaire. C'est lui qui dirige tout ce qui a rapport au service chanté du culte divin. Il instruit les enfants de chœur, donne l'intonation aux chantres, et, s'il touche un peu l'orgue, accompagne les voix dans les églises assez riches pour posséder ne fût-ce qu'un harmonium d'une centaine de francs (*).

Si le chef de chœur sait jouer du serpent ou de l'ophicléide, ou enfin de la contrebasse, il accompagne les voix en jouant avec elles à l'unisson. Cela soutient le chant et empêche les voix de baisser.

§ 2. — ATTRIBUTIONS DES CHANTRES ET DES ENFANTS DE CHŒUR.

Les chantres, au nombre de deux, de quatre ou de six, se fractionnent en deux parts : la première, celle de droite, chante le premier verset du psaume, et la seconde, celle de gauche, chante le verset suivant, jusqu'au *Gloria Patri*, qui se dit par toutes les voix réunies. Dans les villages, les enfants de chœur se fractionnent également en deux parts, et chantent à l'octave supérieure des chantres. Il en est de même pour la messe; le *Kyrie*, les antiennes, graduels, répons, les versets du *Gloria* et du *Credo* etc., se chantent de la même manière. Cependant, lorsque, les jours de fête, le *Credo* de Dumont est chanté par une belle voix en solo, le chœur tout entier répond au soliste en chantant les versets de deux en deux, jusqu'à la fin du symbole de Nicée, en laissant à la voix seule le premier verset, *Credo in unum Deum.*

Les autres parties des messes et vêpres, des complies et des saluts, se chantent par toutes les voix d'enfants et d'hommes réunies. Les répons, tels que l'*Ora pro nobis*, l'*In manus tuas, Domine*, sont chantées par les enfants de chœur seulement.

§ 3. — DES LIVRES D'OFFICES DU CHŒUR.

1° Le *Graduel*, contenant les messes des différentes fêtes de l'année.

2° L'*Antiphonaire*, contenant les chants de l'office du matin, du soir et de la nuit

3° Le *Vespéral* contenant les chants des vêpres.

4° Le *Processionnal*, contenant les litanies, hymnes, etc., et les autres chants qui se disent pendant les processions.

Le *Graduel* et l'*Antiphonaire* sont divisés en deux parties appelées *Propre du temps* et *Commun des Saints*. L'office de chaque jour de fête de saint fait connaître le chant de l'*Introït*, du *Graduel*, de l'*Offertoire* et de la *Communion*. C'est à la fin du Graduel que le *Kyrie*, le *Gloria* (qui ne se chante pas en carême), le *Sanctus* et l'*Agnus* se trouvent rangés dans leur ordre naturel et d'après la classe à laquelle ils appartiennent. Ces classes comprennent les *solennels majeurs* et *mineurs* ou fêtes de première et de seconde classe, les fêtes de la Vierge Marie, en classes *semi-doubles* et *simples*, les dimanches doubles du temps pascal, les semi-doubles des Martyrs et la fête des Anges.

(*) La maison Alexandre père et fils de Paris fournit à ce prix modique de petits instruments très suffisants pour le vaisseau peu vaste d'une église de village. Lorsque le conseil de fabrique se rend garant de l'achat d'un orgue-harmonium, MM. Alexandre accordent d'assez longs termes pour le paiement intégral de l'instrument fourni ; ce qui permet aux curés d'en acquérir d'un prix plus élevé et naturellement beaucoup plus complets que ceux de cent francs.

§ 4. — DES PARTIES DE LA MESSE, DES VÊPRES ET DU SALUT. PSALMODIE.

Les grand' messes sont toutes précédées de Tierces, psaumes chantés, suivis de :

1° La Bénédiction de l'eau; 2° La Procession; 3° L'*Introït* (verset d'un psaume suivi du *Gloria Patri*); 4° le *Kyrie* et le *Christe*, terminés par le *Kyrie*. 5° Le *Gloria in excelsis* 6° Le *Graduel*, suivi de l'*Alleluia* ou du *Trait* (*) (suivant l'époque); 7° la Prose (**), lorqu'il doit y en avoir; 8° Le *Credo*; 9° L'*Offertoire*; 10° Le *Sanctus* suivi du *Benedictus* ou de l'*O salutaris*; 11° L'*Agnus*; 12° La *Communion*.

Les vêpres sont précédées des *nones*. Les cinq psaumes sont accompagnés chacun d'une antienne, qui est toujours dans le ton du psaume lui-même; puis on chante l'hymne du jour, et après cet hymne, on dit le *Magnificat*, suivi des *Complies*. Après les prières on chante l'antienne puis les psaumes 4, 30, 90, et 133, suivis de l'hymne *O luce* Après le *Capitule*, les enfants de chœur chantent le répons bref (***) *In manus tuas*, *Domine*, suivi du *Gloria Patri*, puis on entonne le cantique de Siméon : *Nunc Dimittis*; la prière et les oraisons terminent les complies.

Le *Salut* commence toujours par une première bénédiction du saint ciboire les jours simples, et du Saint-Sacrement avec l'ostensoir les jours fériés Pendant cette bénédiction, on chante soit le *Pange lingua*, soit l'*Ave verum*, soit l'*O salutaris*; puis vient l'antienne à la Sainte Vierge. Il y en a quatre : la première *Alma Redemptoris Mater*, se chante depuis l'Avent jusqu'à la Purification; la seconde, *Ave regina*, depuis la Purification jusqu'au Jeudi-Saint : la troisième, *Regina Cœli*, depuis Pâques jusqu'à la Trinité; et la quatrième, *Salve Regina*, depuis la Trinité jusqu'à l'Avent. Après l'antienne, on dit l'oraison; puis, dans beaucoup d'églises, on chante la prose de la Sainte Vierge *Inviolata*, puis les répons et antienne *Sancta et immaculata*, *Sub tuum*, et l'on donne la dernière bénédiction, pendant laquelle on chante le *Tantum ergo* et le *Genitore*, termine le Salut.

La *Psalmodie* est le chant presque parlé. On l'emploie particulièrement aux Vigiles des Offices des Morts, où l'effet qu'elle produit a quelque chose de terrifiant.

(*) Le *Trait* remplace l'*Alleluia* depuis le dimanche de la Septuagésime jusqu'au Samedi-Saint. C'est un fragment de psaume qui se chante très-lentement.

(**) La *Prose*, peu en usage dans le chant romain, est très employée dans le chant parisien. Plusieurs proses semblent être écrites à trois temps; telle est, par exemple, celle du jour de la Pentecôte :

TRADUCTION EN MUSIQUE :

(***) Est appelé ainsi parcequ'il est précédé d'une leçon. On divise les grands répons en trois parties : le *répons*, le *verset* et la *réclame*. Le répons bref n'a que la première de ces trois parties du grand répons. On chante les répons dans les huit tons ou modes du plain-chant.

MESSE DE DUMONT (*)

DU PREMIER TON

KYRIE.

(*) Dumont fut maître de chapelle de Louis XIV. Il résigna ses fonctions dans un âge assez avancé, pour ne pas être témoin de l'intronisation dans la chapelle de Versailles, des instruments de l'orchestre profane. Parmi ses œuvres, la Messe qui porte son nom est d'une grande beauté de style et d'expression religieuse, et elle a fait, avec justice, passer son nom à la postérité.

(**) Dans la version originale du plain-chant, Dumont n'a point employé de ♮ ni de ♯ accidentels. Dans la notation en musique moderne de sa messe, le *bon goût* a fait le contraire, mais l'expression de l'œuvre y perd en gravité. De plus, on remarquera quelques différences entre les deux textes.

ho-mi-ni-bus bo-næ vo-lun-ta-tis. Lau-da mus te. Be-ne-di-ci-mus te.
ho-mi-ni-bus bo-næ vo-lun-ta-tis. Lau-da mus te. Be-ne-di-ci-mus te.
A-do-ra-mus te. Glo-ri-fi-ca-mus te. Gra-ti-as a-gi-mus ti-bi
A-do-ra-mus te. Glo-ri-fi-ca-mus te. Gra-ti-as a-gi-mus ti-bi
prop-ter magnam Glo-ri-am tu-am. Do-mi-ne De-us rex cœ-les-tis,
prop-ter magnam Glo-ri-am tu-am. Do-mi-ne De-us rex cœ-les-tis,
De-us Pa-ter omni-po-tens. Domi-ne fi-li u-ni-ge-ni-te, Je-su
De-us Pa-ter omni-po-tens. Domi-ne fi-li u-ni-ge-ni-te, Je-su
Chris-te. Do-mi-ne De-us a-gnus De-i, fi-li us Pa-tris qui
Chris-te. Do-mi-ne De-us a-gnus De-i, fi-li-us Pa-tris qui
tol-lis pec-ca-ta mun-di, mi-se-re-re no-bis; qui tol-lis
tol-lis pec-ca-ta mun-di, mi-se-re-re no-bis; qui tol-lis
pec-ca-ta mundi, susci-pe de-pre-ca-ti-o-nem nos-tram qui se-des
pec-ca-ta mundi, susci-pe de-pre-ca-ti-o-nem nos-tram qui se-des

ad dex-te-ram Pa - tris, mi-se-re-re no - bis quo-ni-am tu so-lus
ad dex-te-ram Pa - tris, mi-se-re-re no - bis quo-ni-am tu so-lus
sanc-tus; Tu so-lus Do - mi-nus, Tu so - lus Al-tis-si-mus, Je-su
sanc-tus; Tu so-lus Do - mi-nus, Tu so - lus Al-tis-si-mus, Je-su
Chis-te; cum sancto Spi - ri-tu, in glo-ri-â De - i Pa - tris.
Chris-te; cum sancto Spi - ri-tu, in glo-ri-â De-i Pa - tris.
A — — — — — men.
A — — — — — men.
CREDO.
Le Célébrant.
Le Chœur.
N° 3.
Cre - - do in u-num De - um, Pa-trem omni-po-ten-tem
Le Célébrant.
Le Chœur.
Cre - - do in u-num De - um, Pa-trem omni-po-ten-tem
fac-to-rem cœ-li et ter - ræ, vi-si-bi-li-um om-ni-um, et
fac-to-rem cœ-li et ter - ræ, vi-si-bi-li-um om-ni-um, et
invis-si-bi-li-um, Et in u-num Do-mi-num Je-sum Christum, fi-li-um
invis-si-bi-li-um, Et in u-num Domi-num Je-sum Christum, fi-li-um

De - i U- ni - ge - ni- tum Et ex Pa-tre na - tum an-te omni - a
De - i U- ni - ge- ni - tum Et ex Pa-tre na - tum an-te omni - a
sæ- cu- la; De - um de De - o, Lu-men de lu-mi-ne, De - um ve-rum
sæ- cu- la: De - um de De - o, Lu-men de lu-mi-ne, De - um ve-rum
de De - o ve - ro; ge- ni-tum, non fac-tum, con- substan- ti - a - lem
de De - o ve - ro; ge- ni-tum, non fac-tum, con-sub-stan-ti - a - lem
Pa - tri per quem om-ni-a fac - ta sunt, qui pro-pter nos homi-nes
Pa - tri per quem omni - a fac - ta sunt, qui pro-pter nos homi-nes
Et pro- pter nos-tram sa - lu - tem des-cen-dit de cœ - lis, Et
Et pro- pter nostram sa - lu - tem des-cen-dit de cœ - lis, Et
in- car-na - tus est de Spi - ri- tu Sancto, Ex Ma - ri - a Vir - gi-ne
in- car-na - tus est de Spi - ri- tu Sancto, Ex Ma - ri - a Vir - gi-ne
ET HO-MO FAC - TUS EST. Cru - ci - fi - xus e - ti - am pro no - bis sub
ET HO-MO FAC - TUS EST. Cru - ci - fi - xus e - ti - am pro no - bis sub

Pon-ti-o Pi-la-to. pas-sus et se-pul-tus est. Et re-surre-xit
Pon-ti-o Pi-la-to, pas-sus et se-pul-tus est. Et re-surre-xit
ter-ti-â di-e secundum scrip-tu-ras. Et as-cen-dit in cœ-lum.
ter-ti-â di-e se-cundum scrip-tu-ras. Et as-cen-dit in cœ-lum.
Se-det ad dex-te-ram Pa-tris; Et i-te-rum ven-tu-rus est cum
Se-det ad dex-te-ram Pa-tris; Et i-te-rum ven-tu-rus est cum
glo-ri-â Ju-di-ca-re vi-vos et mor-tu-os; Cu-jus re-gni non
glo-ri-â Ju-di-ca-re vi-vos et mor-tu-os; Cu-jus re-gni non
e-rit fi-nis. Et in Spi-ri-tum Sanctum Do-mi-num Et
e-rit fi-nis. Et in Spi-ri-tum Sanctum Do-mi-num Et
Vi-vi-fi-can-tem qui ex Pa-tre Fi-li-o-que pro-ce-dit, qui
Vi-vi-fi-can-tem qui ex Pa-tre Fi-li-o-que pro-ce-dit, qui
cum Pa-tre et Fi-li-o si-mul a-do-ra-tur Et conglo-ri-fi-ca-tur
cum Pa-tre et Fi-li-o si-mul a-do-ra-tur Et conglo-ri-fi-ca-tur

qui lo-cu-tus est per pro-phe-tas, Et u-nam sanctam catho-li-cam
qui lo-cu-tus est per Pro-phe-tas. Et u-nam sanctam catho-li-cam
Et A-pos-to-ti-cam Ec-cle-si-am. Con-fi-te-or U-num Ba-ptis-ma
Et A-pos to-li-cam Ec-cle-si-am. Con-fi-te-or U-num Ba-ptis-ma
in re-mis-si-o-nem pec-ca-to-rum Et ex-pec-to re-sur-rec-ti-o-nem
in re-mis-si-o-nem pec-ca-to-rum Et expec-to re-sur-rec-ti-o-nem
mor-tu-o-rum Et Vi-tam Ven-tu-ri sœ-cu-li A-men
mor-tu-o-rum Et Vi-tam Ventu-ri sœ-cu-li A-men.
SANCTUS
No 4.
San-tus, sanc-tus, sanc-tus Domi-nus
Sanc-tus, sanc-tus, sanc-tus Domi-nus
De-us Sa-ba-oth; Ple-ni sunt cœ-li et ter-ra glo-ri-â
De-us Sa-ba-oth; Ple-ni sunt cœ-li et ter-ra glo-ri-â
tu-â; ho-sanna in ex-cel-sis, Be-ne-dic-tus qui ve-nit
tu-â; ho-sanna in ex-cel-sis, Be-ne-dic-tus qui ve-nit

FIN DE LA MESSE DE DUMONT.

DETAILS SUR LA FORMATION D'UNE CLASSE D'ORPHÉONISTES ET PAR SUITE D'UNE SOCIÉTÉ CHORALE.

§ 1. — DE LA CLASSE DE MUSIQUE DES ORPHÉONISTES.

On choisira autant que possible une salle spacieuse, dont le plafond soit élevé. Un tableau noir de deux mètres de hauteur et de trois mètres 50 centimètres de largeur, avec une tablette en saillie, sera appliqué contre le mur à hauteur d'homme Sur ce tableau, deux portées de quatre lignes, pour la notation du plain-chant, et quatre portées de cinq lignes, pour la notation de la musique, seront tracées en couleur blanche d'un bout à l'autre. Les lignes auront cinq millimètres d'épaisseur. Des crayons blancs ou de la craie, une éponge commune et un torchon de grosse toile seront les accessoires indispensables du tableau. De plus, un banc de bois (ou une chaise également en bois) sera placé au bas du tableau, qui devra être accroché fortement au mur de la salle à une hauteur de deux mètres en partant de la base du tableau. Le professeur aura à la main une longue baguette qui lui servira à indiquer les notes écrites sur le tableau ou tout autre des nombreux détails de l'enseignement musical.

C'est avec le diapason normal que le ton sera donné. Le professeur choisira parmi ses élèves ceux qui auront fait le plus de progrès et il les nommera moniteurs de la classe. S'il peut avoir pour moniteurs un 1er ténor, un 2e ténor, un baryton et une basse, ces élèves d'élite lui serviront de *répétiteurs;* c'est-à-dire que chacun d'eux fera répéter aux élèves qui auront le même genre de voix soit la leçon précédente, soit la partie du chœur mis à l'étude.

Au bout de six mois d'études, les élèves, s'ils ont bien employé leur temps, pourront se réunir en société sous le titre d'*Orphéon.* Alors les leçons de musique pourront être moins fréquentes et seront en partie remplacées par des soirées consacrées à l'étude des chœurs

§ 2. — ATTRIBUTIONS DES PRÉSIDENT, DIRECTEUR, SECRÉTAIRE ET CAISSIER D'UNE SOCIÉTÉ ORPHÉONIQUE.

Le *Président* d'une société orphéonique s'occupe exclusivement de la partie administrative. C'est lui qui loue, au nom de la société, le local où se donnent les leçons de musique et où se font les répétitions. Nul paiement n'est fait par le caissier sans l'autorisation signée du président. C'est lui qui signe toutes les correspondances officielles de la société.

Le *Directeur* s'occupe exclusivement de l'école de musique et de l'étude des chœurs. Il peut avoir un second qui le remplace en cas d'absence forcée, soit à sa classe, soit aux répétitions, soit enfin dans les concours publics ou autres solennités où figure la société dont il fait partie. Le Directeur propose au Président le choix des chœurs à étudier pour se préparer à concourir.

Le *Secrétaire* convoque les membres de la société, s'occupe avec le caissier des logements et des repas, lorsque la société prend part à des concours éloignés. Mais, s'il y a des traités passés à cette occasion, ils doivent être acceptés par le Président, et les conventions écrites de part et d'autres signées par lui.

Le *Caissier* perçoit la cotisation mensuelle de chaque sociétaire, lui en donne un reçu, et paie chaque mois les fournisseurs qui ont des créances relatives aux besoins de la classe ou des répétitions et exécutions chorales.

La cotisation mensuelle de tout orphéoniste peut varier de 25 à 75 centimes ou 1 franc par mois, suivant les localités et le nombre des membres associés.

Une mise de fonds de 2 francs est faite par chaque nouveau membre de la société orphéonique, afin de contribuer à l'achat ou à l'entretien des livres de musique, des chœurs et de la bannière de la société.

Afin de ne pas se priver de la voix souvent très-belle d'un sociétaire orphéoniste, le porte-bannière qui sera dans ce cas, devra chanter avec les autres lorsqu'ils prendront part à un concours ou à une solennité quelconque dans laquelle figurera la société orphéonique.

Il pourra y avoir des sociétaires honoraires; mais il doit leur être interdit de jouir des faveurs accordées généralement aux orphéonistes par les administrations de chemins de fer. S'ils veulent voyager avec la société; ils le feront à leurs propres frais.

Les concours, pour lesquels le *Comité général de patronage des sociétés* et *des orphéons* a promulgué un règlement très sage, ne devront être fréquentés par les jeunes sociétés qu'après un an au moins de date, précédés nécessairement de six mois de classe musicale orphéonique.

Dans l'avenir, les divisions supérieures des concours devront déchiffrer (paroles et musique), un chœur imposé par le jury. Ce n'est qu'alors que les orphéonistes français, devenus réellement *lecteurs*, c'est-à-dire musiciens, pourront lutter avec avantage avec ceux du nord de la France, de la Belgique et de l'Allemagne.

Le Comité de patronage distribuera alors des médailles non seulement aux plus fortes sociétés chorales, mais aussi à ceux de leurs professeurs-directeurs qui se seront distingués dans l'enseignement de la musique autant que dans celui des chœurs proprement dits.

Mais pour que toutes ces choses si désirables pussent se réaliser promptement il faudrait que l'on fît pour les orphéonistes des villes et des campagnes ce que la Capitale fait depuis longtemps pour les orphéonistes parisiens : il faudrait que, sous la surveillance d'un Directeur-Inspecteur-général des orphéons libres de France, quatre inspecteurs eussent mission de fonder des écoles de musique à l'usage spécial des orphéonistes. Ces écoles seraient les véritables pépinières d'où s'élanceraient plus tard les membres instruits de cette morale et populaire institution.

Le réglement des concours orphéoniques se distribue gratis dans les bureaux des différents journaux orphéoniques de Paris.

FIN

Musique typographique de TANTENSTEIN, 8, rue Touillier, ancienne rue Neuve-des-Poirées.